HSPとひきこもり

「自分を生きる」ためのひきこもり＝「ソロ活」のすすめ

浜松医科大学名誉教授
高田明和

廣済堂出版

はじめに

長引くコロナ禍の中で、人との接触やいわゆる「密」な状況をできるだけ避けることが推奨されてきました。休業や時短営業、イベント自粛要請などを含む緊急事態宣言が何度も出され、不要不急の外出を避ける自粛生活や出勤せずに仕事をするテレワークの推奨も叫ばれてきました。

こうした状況が1年を超えて続き、この間、スーパーマーケットなど一部にコロナ特需の恩恵を受けた業種もあるようですが、日本全体で見れば企業の経済活動は縮小して、雇止め（雇用の更新をしない）のようなことも頻発し、雇用も厳しい状況です。

会社だけでなく学校などもできるだけ行かずに授業を受けたほうがいいということで、オンライン授業・講義が定着。つまり、今は社会全体が一種の「ひきこもり」状態になっています。

コロナ禍以前を思い出してみましょう。

会社勤めの人は朝、家を出たら会社に顔を出し、営業職なら昼間は外回り、夜は夜で仲間と食事をしたり、飲みに出たり……。会社勤めの人でなくても人に会ったり、特に用はなくても繁華街に出たり、ショッピングに行ったり……と、多くの人は「外に向いて」さまざまな活動をしていたと思います。それが自粛生活が長くなると、外に向かっていた生活スタイルが、家庭や自室といった内向きスタイルに変わってきました。

こうなると人間も生き物、環境に適応し、その環境が苦痛でないようにしていかなければ生き抜いていけませんから、生活スタイルだけでなく、心の方向もどんどん内側に向かっていきます。

家にいるのが好き、仕事より趣味、お金より時間、出世より家族。そんな価値観を持つ人たちが増え、自粛生活の楽しみや学びの場としてネットへの依存度はどんどん高まっていきます。その代表的な場として俄然注目を浴びたのがユーチューブ（YouTube）でした。

すでにパソコンやスマホでネットを見る習慣を身に付けていた若い世代を中心に、今やメディアと言えばテレビではなくユーチューブ。

その場に番組（チャンネル）を提供する、いわゆる「ユーチューバー」の数は倍々ゲームで増え続け、全く無名だったユーチューバーがあっと言う間に何万、何十万人という人たちに支持され、有名になる。そして、それによって入ってくる広告料で金銭的にも羨ましいぐらい潤うといったことが次々に起こっています。

一方で、これも今の時代を象徴しているのが「ぼっち系」と呼ばれるものです。これは動画で配信するユーチューバーのみならず、文字中心のブログで発信するブロガーに多いのかもしれませんが、「ひとりぼっちでもいい」「ひとりで生きていくんだ」という人のつぶやきや何気ない日常の発信が多くの人の共感を得ています。

「ソロキャンプ」の流行もその一つ。芸人でキャンプ好きのヒロシがユーチューブでその様子を発信したのがブームに火を付けたようですが、そもそも「皆でワイワイガヤガヤやるのが楽しいよね」と思われていたキャンプをひとりで楽しむスタイル。コロナ禍以前に確立され、密かなブームになっていたようですが、コロナ禍が始まってから支持が広がっています。

「ひとり飲み」「ひとりカラオケ」といったスタイルもコロナ禍以前からあったもので、従来の仲間で集まって騒いだり、楽しんだりするスタイルとは１８０度違い、自分だけで楽しむ自己完結的な、言ってみれば「ひきこもり的な」楽しみ方。

以前から私も毎朝やっている瞑想やそれと似たマインドフルネスといったものも静かなブームのようですが、これもひとりで自分の内側にこもったり、何かに集中したりするわけですから、ある種の「ひきこもり」スタイルと言えるかもしれません。

こうしたものはコロナ禍以前から発芽し、コロナ禍で成長し、おそらくは、コロナ禍が終息したとしても今後以前のように戻ってしまうことはない。むしろ、ますます加速していくと思われます。

なぜなら、会社に出勤して同僚と机を並べて仕事をし、会社帰りに仲間と一杯やる以上に、テレワークの快適さ、利便性（不便を感じる度合いの大きい人もいるでしょうが）、「家にいて仕事をしたり食事をしたりするのも意外に快適だし、楽しいじゃん」と多くの人が身をもって知ってしまったからです。

このスタイルが定着すれば、企業も高い賃貸料を払って都会の中心部にオフィスを構える必要はなくなり、社員は社員で通勤ラッシュに心身を消耗させないまま、仕事に集中できるというメリットもあります。

もちろん、職場に足を運んだり、人と接することでしか成り立たない職種も数多くあります。飲食店やスーパー、百貨店などもそうですし、医療や介護などもそうでしょう。ただ、これらの仕事でさえ、人を介在させなくてもいい場面ではＩＴ化やロボット化が進行していくことでしょう。

そういう意味で、こう言えるのではないでしょうか。

これから、広い意味での「ひきこもりの時代」がやって来る、と。

その一方で、こんな時代の流れとは関係なく、自分の家や部屋にこもり、外に出るのを恐れている人たちもいます。

イジメやパワハラなどの他の人たちからの排斥や心身への暴力を受けて、身も心もすくんでしまった人たち。外の世界を脅威と感じ、身動きできなくなってしまった人たち。そんな状態が何カ月、何年、あるいは何十年と続き、社会に身の置き場がないと感じている人たちです。

「ひきこもり」というと、狭い意味ではこういった人たちを指し、実際に、「ひきこもり」の定義は、このような人たちのことを指しています。

今の時代、そうした人たちも増える傾向にありますが、しかし私は、コロナ禍によって、ひきもりの意味が広がり、ひきこもり的ライフスタイル、ひきこもり的メンタリティが定着していくと、こうした従来のひきこもりの定義もあと何年か経つと、変わっていくのではないかと思っています。

ひきこもりは自分を責めなければならないような行為ではないし、家族を苦しめるものでもない――。

そんな時代が近いと感じています。

それどころか私はむしろ、ひきこもりの傾向を持っている人のほうが、より自分らしく生きられ、自分の才能を発揮できる可能性が高いとさえ思っています。

正確に言えば、精神的な意味での「ひきこもり」は大切なことで、それは物理的な意味で家に「閉じこもる」だけのひきこもりにならないためにも、今の時代には必要不可欠なことである。そう思うからです。

なぜそう思えるのか、またそう思うためには何が必要でしょうか。

この本はそのことを考え、提案するために書いた本です。そして、ひきこもり的になりやすい性格や気質、それが敏感すぎる気質の持ち主であるＨＳＰに多いと思われることから、この両者を比較しながら論じることに意義を感じています。

ひきこもりは悪いこと、ひきこもりは可哀想……。

この本を読んだ後に、そんな考えがいつの間にか払拭され、新しい時代の「ひきこもり」をこれまでと全く違う気持ちで受け入れることができる。一人でも多く、そんな人が出てくることを望んでいます。

２０２１年６月

高田明和

目次

HSPとひきこもり CONTENTS

第2章 HSPとひきこもり予備軍

第3章 「敏感さ・繊細さ」と「ひきこもり」の関係

第4章 ひきこもり経験なしに大人になってはいけない!?

——「ソロ活」名人たちの子ども時代

第5章 「ひきこもり本人」と「ひきこもり家族」へ

第6章 自発的「ひきこもり」のすすめ

——「閉じこもり」に追い込まれないために

第1章

ひきこもりの意外な原因

——原因不明が増えている

「ひきこもり」と「閉じこもり」の違い

精神的なひきこもりは決して悪いことではなく、むしろ自分を育て、自分の能力を発揮させるための「繭《まゆ》」を作るためには、むしろ必要な時間であるという意味のことを、まえがきで述べました。

しかし、狭い意味でのひきこもり、つまりは物理的な「ひきこもり」は、自分の意思ではなく、他人からの言葉や行為に傷つき、これ以上傷つきたくないと自分の安全地帯にこもることを言います。

傷ついた動物は、洞穴などの安全な場所でじっとしていることで、傷が癒《い》えるのをじっと待ちます。それと同じです。

そこで、この本では、時に、次のように言葉を使い分けたいと思います（厳密に使い分けるのではなく、だいたいそのように意識して使う、ぐらいにお考えください）。

■物理的に家や自室にこもることだけを意味する場合は、**「閉じこもり」**と表記。

- ■心の傷を広げないよう、いったん他人の介入を意識的に断ち切り、自らこもることを意味する場合は**「ひきこもり」や「ソロ活（ソロ活動）」**と表記。
- ■その両方を含んだ意味の場合は、そのまま**「ひきこもり」**と表記。

繰り返しますが、この本では、「閉じこもり」は、物理的に部屋や家に閉じこもること、すなわち一般的なひきこもりの概念です。それに対し、自ら進んでひとりになる、自分を大切にするために、人の意見や考えを意識的に遮断、安全基地を作るといった意味の場合は、「ひきこもり」とか「ソロ活」と言ったりする場合が多くなるということです。

閉じこもる人の心は、害も受け入れるオープンな状態

同じ「傷つく」という言葉でも、動物と人間の決定的違いは、人は身体よりも心が傷つくことがしばしばあり、身体の傷は癒えても心の傷はのちのちまで残ることです。心の危険を脳が記憶することで、将来起こる危険を回避するのです。本来自分を守るため

の脳のシステムがマイナスに作用してしまうのですね。

身体の傷は重傷であっても治れば外に出ることもできますが、心の傷はこもっているうちに、より重症化する場合があります。外に出るとまた同じような目に遭うのではないか、と人と接するのが怖くなる。人間は複雑な生き物ですから、心の傷は、他の不安を呼び起こすことにもなるのです。

これを脳科学的に説明してみます。

人が不安になると、脳の扁《へん》桃《とう》体《たい》という部位がいつも以上に活発に活動します。すると快感を感じる部位である側《そく》坐《ざ》核《かく》などが活動しなくなります。そして、これらの情報をキャッチした脳のコントロールセンターとも言える前頭前野が、「不安だ、人と会いたくない」などと判断します。

前頭前野には自分を信じるとか、自己を肯定的に考えるといった役割もありますが、逆に、否定的に考える役割もあるのです。

不安な状態が長く続くと、前頭前野の肯定的に考える部位の活動が鈍り、常に自分を信じられない、自分に頼れないという状態になります。こういう不安定で自己不信的な状態のまま他人に会うと、他人が自分を見下したり、軽蔑するのではないかという恐れが生じ、その結果、外に出ることが怖くなり「閉じこもる」ことになるケースが多いのです。

「閉じこもり」になってしまった人を見ると、多くの人は、「あの人も困ったものだ」とか、いわゆる社会性・社交性を失った、困った状態の人とだけ見なすことが多いでしょう。家族も同様、いや、それ以上に「困った、困った」となるのが普通だと思います。

しかし、私が思うのは、ただ困惑するのではなく、そういう人がなぜそうなってしまったのか？　それは悪いことばかりなのか？　と少し距離を置いて冷静・客観的に考えてあげることができないかということです。

ある研究に、「不安を人一倍感じる人は、創造的な才能がある」というものがあります（不安症の権威であるチャールズ・リンデンの研究）。**感受性が強く、不安を感じやすい人は、身の周りに起きることをオープンに受け入れる傾向がある**ため、それだけ内面が豊かになる。その結果、創造性が発達する、と彼は言います。

その面だけ見れば、アメリカの心理学者エレイン・N・アーロンが概念づけ、5人に1人の割合で存在すると言われるＨＳＰ（Highly Sensitive Person＝敏感すぎる人たち）のように、敏感で不安になりやすいのも良いことだとも思えますが、「オープンに受け入れる」ということは、自分にとって害になることも受け入れてしまうことにもなります。

そして、その自在な入力性（何でも受け入れる）と創造性の高さがゆえに、自分の考え＝創造力、想像力をあらぬ方向に出力（考えたり行動する）してしまう。そうなると、時に社会的・一般的な善悪や利害の基準から外れ、悪や害のほうにいってしまう可能性もある、というわけです。

閉じこもる人に共通する特徴

「閉じこもる」原因はさまざまと思われていますが、実は、今言ったような「敏感で不安を感じやすい」といった共通項がいくつもあります。

この章では、物理的にひきこもる＝閉じこもることになった人の例を取り上げながら、そのさまざまな原因を探ってみたいと思います。なぜなら現代は、どんな人でもそうなる可能性が高い社会だからです。

まず、いつ心が折れて閉じこもっても不思議ではないような人の共通項ですが、次のようなものがあります。

①環境に左右されやすい人。

②人の言動に敏感な人。

③今の社会に違和感を抱きつつ、それでもそれを無視して（気にしていないと自分に思い込ませ）頑張っている人。

ひきこもりは悪いことではないと言いましたが、どうせひきこもるなら、他人の影響や体調不良から「閉じこもる」より、自分から積極的に「ひきこもる」ほうがいいに決まっています。それにはまず、自分をよく知っておくことが大切です。

自分はどんなことに傷つきやすく、どんな環境には馴染めないのか。こういうことを知っておくのは、これからの広い意味での「ひきこもりの時代」には、ますます大事なことになっていきます。

また、学校や職業を選ぶ上でも、「自分を知っている」ことは大きな強みになります。やみくもに勉強したり、頑張って少しでも上位の学校に行って学歴を付ける時代は終わりました。これからは、自分を知って、自分に合った学校や職場を選ぶことが人生にとってもっと大切な作業になってくると思うからです。

それでは具体的なケースを見ていきましょう。精神科医などひきこもりに関わる多くの人が「ひきこもり」の原因（きっかけ）として「不登校」「出社拒否」を挙げていますが、そうしたケースです。

ケース1　出社拒否の原因は、ある違和感だった

小さい頃から勉強がよくできたＡさん（女性）は、親や教師に勧められるままに偏差値の高い学校に進み、年収の高い有名企業に入ります。Ａさんは、そんな自分を誇りに思っていました。

ある日、街中のカフェで、高校の同級生Ｂさんに偶然再会したときのことです。

「どうしてる？」と聞くAさんに、「リサイクルショップでバイトしてるの。彼氏も同じ店の人で、一緒に暮らそうかと迷っている」と屈託なく笑って話すBさん。

成績がよく、部活のストパー（ストリートパフォーマンス）でも活躍して人気のあったBさんを、高校時代のAさんはどこか羨ましく感じていました。でも、その当時はBさんの何がどう羨ましいのか、深く考えることもなく、受験勉強に邁進したのです。

しばしの再会後、「じゃあね、また会えるといいね」と手を振るBさんに対して、Aさんは心の中で「勝ったね！　高校時代に羨ましく思ったのがバカみたい」と優越感を感じていました。心のどこかでは「不安定な生活しているのに、どうしてあんなに明るく、きれいに笑えるんだろう」と羨ましくも思ったのですが、その考えはすぐに否定して、心の奥にしまい込みました。

そんなAさんが、会社に行きたくないと感じ始めたのは、就職して2年目のことでした。

上司に叱られたわけでも、仕事でミスをしたわけでもありません。むしろ上司に好かれ、「君には安心して任せられるよ」と大きな仕事が回ってきてもいました。

「仕事へのプレッシャーかな？」と、いろんな角度からその仕事を眺めてみましたが、仕事そのものは好きなもので、それを負担に感じているわけでもありません。

原因は別のところにありました。あるとき、上司に「ちょっと話があるから」と言われ、二人きりでランチを食べた時、Aさんは、その上司が「嫌いだな」と気づいてしまったのです。

Aさんに大事な仕事を任せたのも、自分がやるよりAさんにやらせることで自分が楽ができて、かつ恩を着せられる――そんな上司の本音が見えてしまったのです。

それ以前からAさんは、そんな上司への違和感のようなものにうすうす気づいてはいましたが、「こんないい人が、そんなはずはない」と自分の考えを打ち消していたのです。

それ以来Aさんは、上司の顔を見ると嫌な気分に陥るようになり、会社に出る気が進まない。それで、カフェで会ったBさんに優越感を感じながらもなぜ羨ましく思ったのか、その理由がわかったような気がしました。

Bさんは周りの評価に関係なく、自分がやりたいことを自由にやっている――そう思えたから羨ましく感じたのです。

自分が本心から望んでいることに気づいたAさんは、2、3日、会社を休みました。そして、その間に自分が抱いている違和感、感情について深く考え、それを理解することができた。結果、ほんのちょっと休暇をとるだけで済んだのです。

いわば、自発的ひきこもり＝ソロ活をしたわけですね。

それが功を奏し、自分が気づかないようにしていた自分の本当の気持ちを理解したAさんは、今任されている仕事をやり終えたら、自分が本当に望んでいる仕事はどんなことなのか、真剣に考えてみようと思えるようになったということです。

Aさんが自分の気持ちに気づかなかったら、いずれ理由もわからないまま体調を崩し、それでも自分に鞭打って頑張り続け、心が折れる状態になっていたかもしれません。

彼女は上司からパワハラを受けたわけでも、落ち込むような大きなミスをしたわけでもありません。それでも、今の自分の居場所や周りの雰囲気に違和感を抱いていた。

こうしたことは、人の言動や周囲の環境に敏感な人にはよく起こることです。

ケース2

原因不明の不登校になったC君

高校1年生のC君は、憧れの高校に入学して3カ月ほどした7月のある日の朝、トイレから出られなくなってしまいました。いつまでもトイレから出てこないのを心配した母親が「どうしたの？　具合が悪いの？」と声を掛け、「うん、なんだか調子悪い」と言って学校を休んだ。これが始まりでした。

次の日、朝食の時間になっても、C君が部屋から出てきません。新しい学校の環境に疲れが出たのかなと、母親は2階の息子を気にしながらもまださほど心配していませんでした。ところが、1週間経ち、10日経っても、息子は学校に行く様子はありません。

「五月病かな？」

新しい環境の中で緊張状態が続き、それが蓄積した頃にゴールデンウィークを迎え、そのあたりから何かやる気が出ない、連休後に学校や会社に行きたくなくなるのがいわゆる「五月病」ですが、C君の母親は、C君が小さい頃から真面目で勉強ばかりしてきたので、最初は「ちょっと遅れて五月病が出たんだ」ぐらいに思っていたようです。

しかし、C君はその後も学校へ行こうとせず、トイレや食事のとき以外は部屋から出てくることはありません。そうこうしているうちに学校は夏休みに入りました。

夏休みが明けたら五月病も治るだろうと母親は思っていましたが、学校に行く日が来ると、C君は「学校に行きたくない」と口にしたまま、部屋の中にこもってしまったのです。

ついにC君は「ひきこもり（閉じこもり）」になってしまったわけですが、C君の場合、食事は家族と一緒に食べていたようで、これはまだ救いです。食事を家族と一緒にするのは、家族なら一緒にいても安心、家は安全な場所とC君が認識していることになるからです。

閉じこもる人の中には、トイレのときでさえ部屋から出ないで自分の部屋から屋根の上にしたり、ペットボトルの中に尿を入れ、誰もいないときに捨てるといったケースもあります。

こういうケースでは、家族さえ自分を脅かす存在として認識しているのです。

「ひきこもり」は男性、「ひとり好き」は女性に多い

内閣府が２０１０年度に報告した「ひきこもりに関する実態調査」をもとに、15〜39歳の子ども・若者３２８７人から得た回答を、その年齢層の人口に当てはめて推計したところ、ひきこもりに該当する人の数は次のようになっています。

■「ふだんは家にいるが、近所のコンビニなどには出かける」「自室からは出るが、家からは出ない」「自室からほとんど出ない」のいずれかであると回答した人＝狭義のひきこもりの推計数は23・６万人。

■「ふだんは家にいるが、自分の趣味に関する用事のときだけ外出する」と回答した人＝準ひきこもりの推計数は46・０万人。

■「狭義のひきこもり」と「準ひきこもり」を合わせた広義のひきこもり（ひきこもり群）は69・６万人。

２０１５年度にも同様の調査が行われ、このときのひきこもり群推計数（15～39歳）は54・1万人と減ったものの、２０１８年度に40～64歳の中高年層を対象に実施した「生活状況に関する調査」では、ひきこもり状態にある中高年が61・3万人いる、つまり**日本全体で１００万人以上の人が閉じこもり状態にある**ことがわかりました。

実際には、世間体を考えて「ひきこもり（閉じこもり）」を公にしない人が大勢いると思われますから、この数はもっと多いはずです。

また調査からわかったのは、ひきこもり（閉じこもり）状態にはないけれど「ひきこもり親和群」ではあるという人たちの存在です。ひきこもりに対して親和性が高い、つまり「ひきこもる人の気持ちがよくわかる」人たち。いわば、ひきこもり＝閉じこもりのグレーゾーンと呼んでもいいような人たちですが、全国推計で１５５万人もの人がそれに当たるという結果が出ました。

彼らが即「ひきこもり（閉じこもり）予備軍」とは言えませんが、ひきこもりたいけど、現実にはそうできない、そんな自分を抱えながら必死に生きている人たちもいるでしょうし、「ひとりが好き」「こもるのが好き」な傾向にあるという意味では、「ソロ活」が好きな人たちと言ってもいいでしょう。

興味深いのは、ひきこもりの性別は男性が66％、女性が34％であるのに対し、「親和群」では数字がその逆になり、女性が63・4％となっていること。つまり、女性のほうが男性よりも「ひとりが好き」、でも、実際にひきこもる人は少ないということです。

不登校よりも多い大人のひきこもり

２０１０年度と15年度の同様の内閣府調査でわかった15～39歳の、ひきこもり群の年齢分布を見てみましょう（カッコ内が15年度調査）。

15～19歳が10・2（15・3）％、続いて20～24歳20・3（24・5）％、25～29歳24・5（18・6）％、30～34歳20・4（22・0）％、35～39歳20・4（23・7）％。つまり、10代のいわゆる思春期のひきこもり群が10％台なのに対し、30歳以上のひきこもり群は40％以上を占めました。ひきこもりと言えば登校拒否を想像し、子どもの問題というイメージを持っている人には意外な結果かもしれません。

10年度調査と15年度調査とも全員に小中学生の頃の経験を複数回答で聞いたところ、ひきこもりとひきこもり親和群では「友だちにいじめられた」という回答は42％程度

ひきこもり群の年齢

※内閣府の調査報告をもとに作成

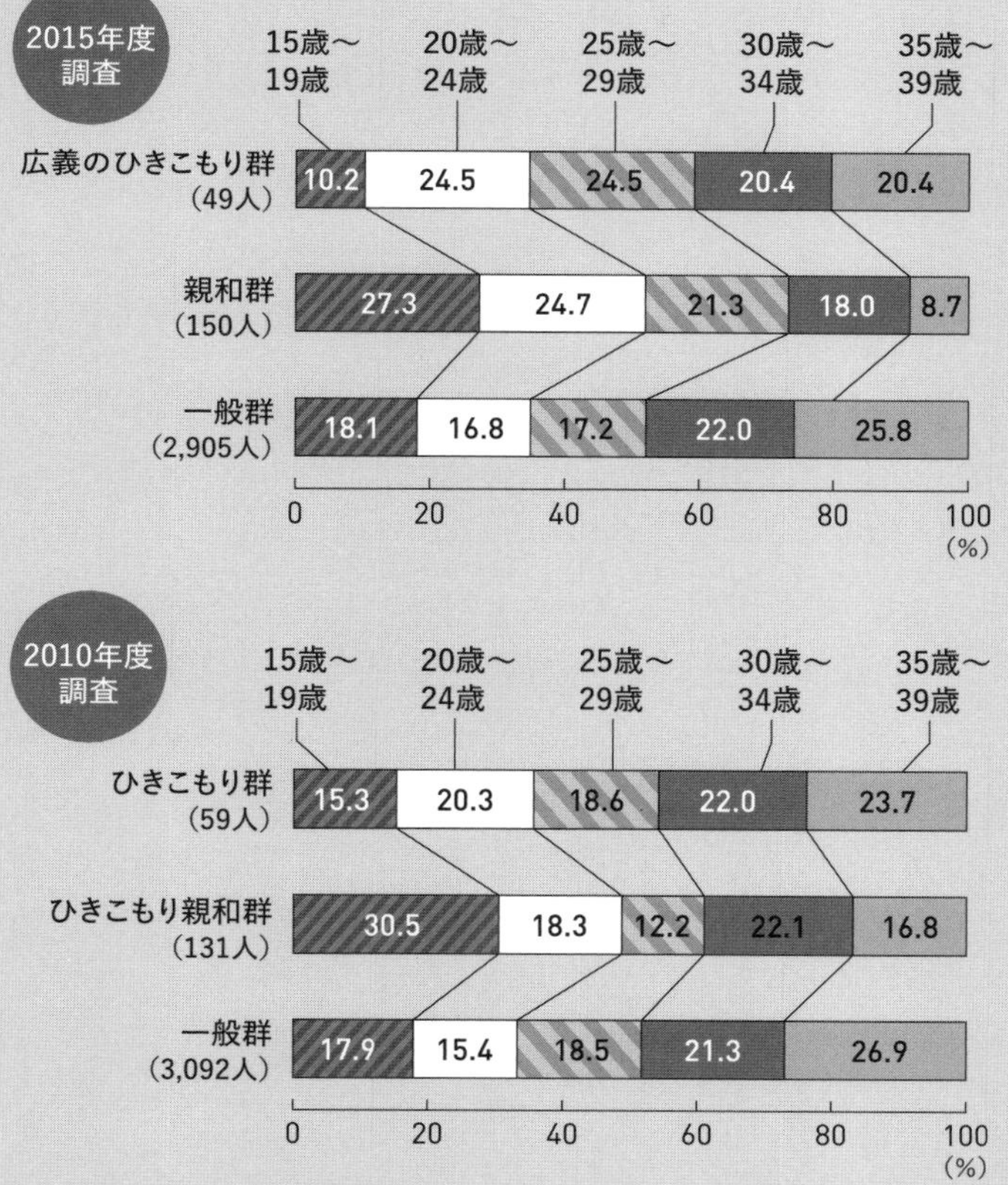

※ 2009 年度の調査の「ひきこもり群」は、それ以外の調査の「広義のひきこもり群」(「ふだんは家にいるが、自分の趣味に関する用事の ときだけ外出する」と答えた「準ひきこもり群」も含めたひきこもり群)と同様の意味。また、「ひきこもりを共感・理解し、ともすると閉じこもりたいと思うことがある人たち」、「親和群」または「ひきこもり親和群」としている。

小中学校時代の学校での経験（複数回答）

※内閣府の調査報告をもとに作成

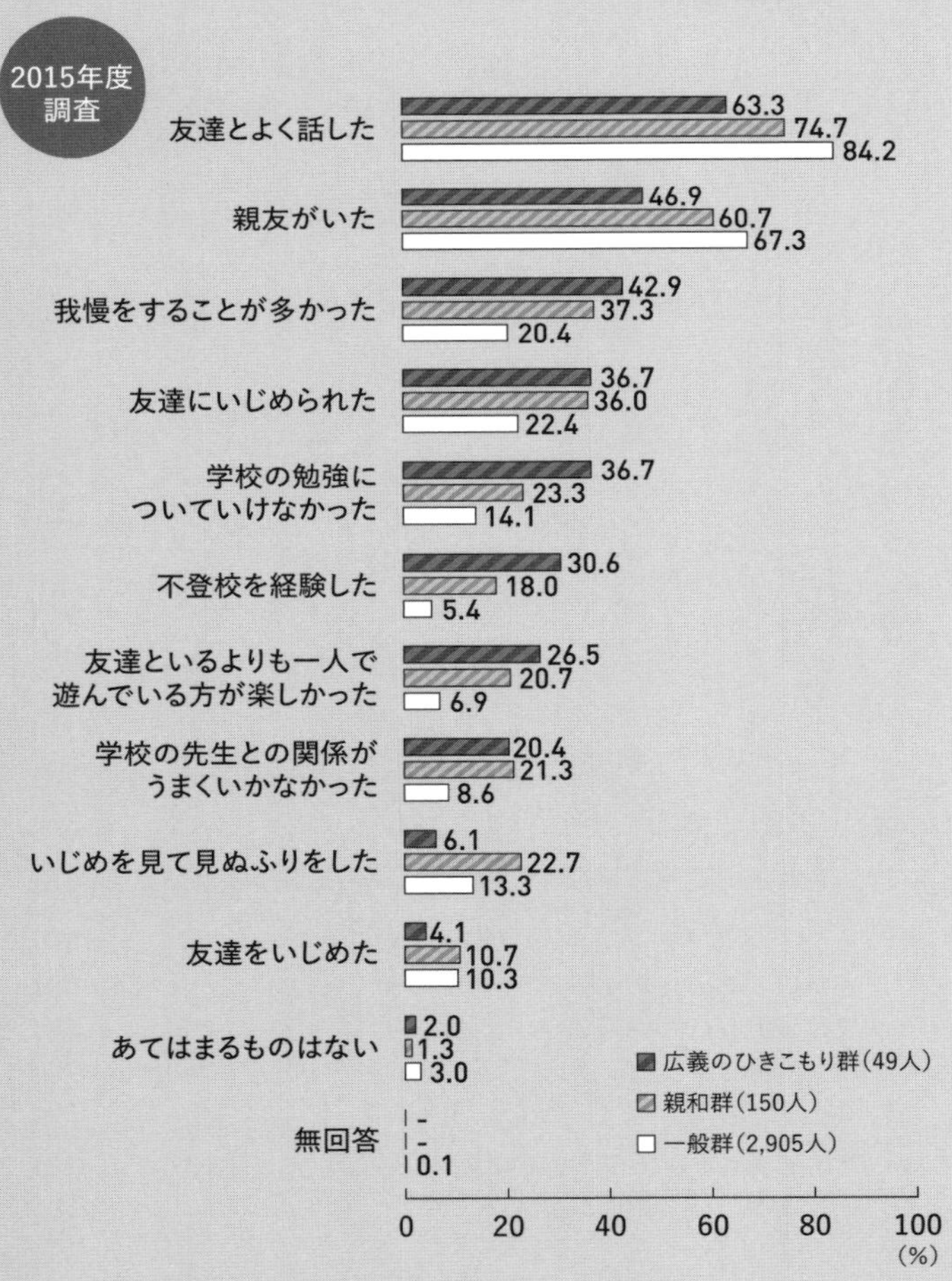

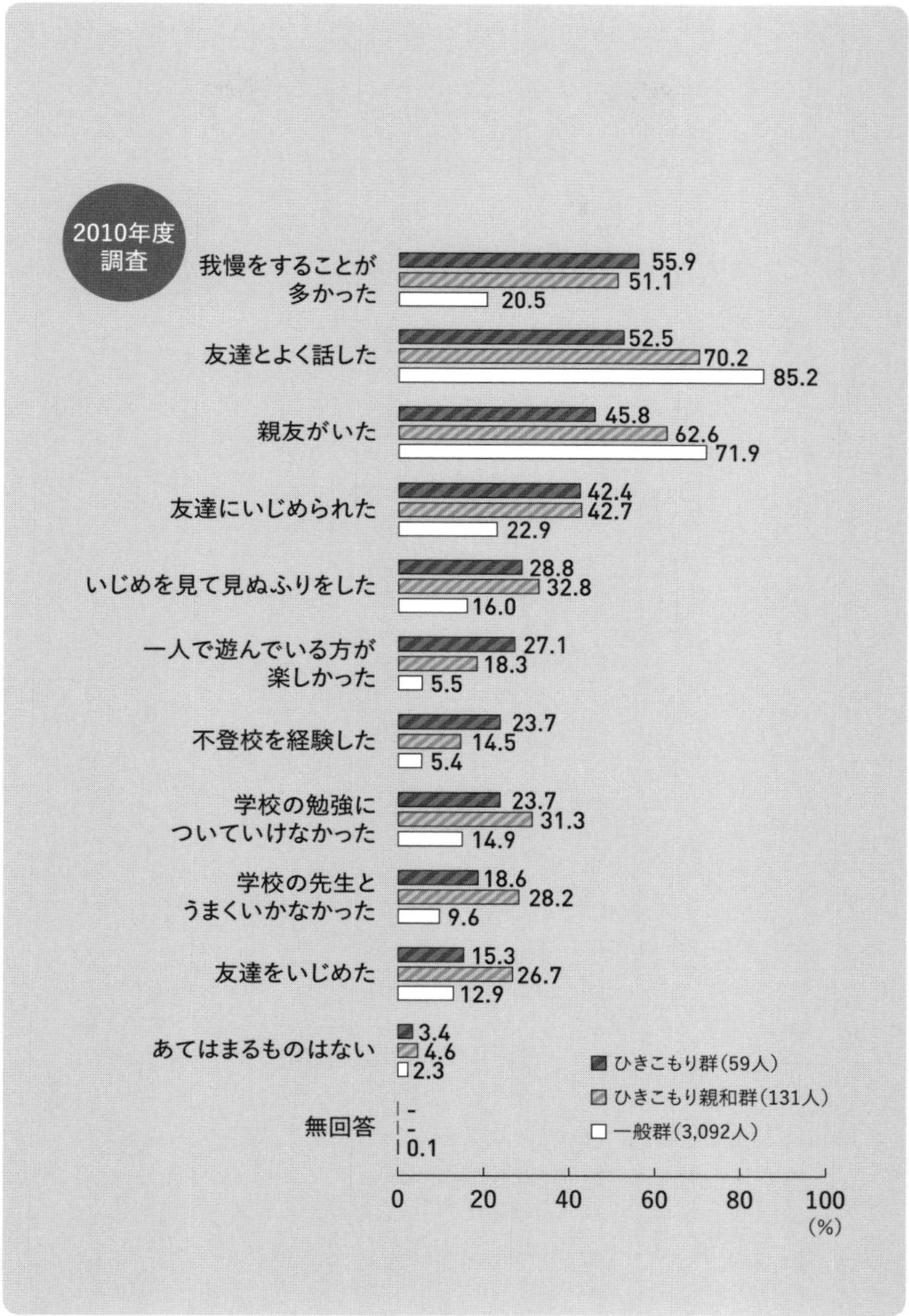
2010年度調査
我慢をすることが多かった
55.9
51.1
20.5
友達とよく話した
52.5
70.2
85.2
親友がいた
45.8
62.6
71.9
友達にいじめられた
42.4
42.7
22.9
いじめを見て見ぬふりをした
28.8
32.8
16.0
一人で遊んでいる方が楽しかった
27.1
18.3
5.5
不登校を経験した
23.7
14.5
5.4
学校の勉強についていけなかった
23.7
31.3
14.9
学校の先生とうまくいかなかった
18.6
28.2
9.6
友達をいじめた
15.3
26.7
12.9
あてはまるものはない
3.4
4.6
2.3
無回答
-
-
0.1
ひきこもり群(59人)
ひきこもり親和群(131人)
一般群(3,092人)
0
20
40
60
80
100
(%)

（10年度調査）から36％程度（15年度調査）へと減少傾向にあったこと。

また、10年度の調査では「我慢をすることが多かった」が、ひきこもり群では一番多かったのですが、15年度調査では「友達とよく話した」「親友がいた」がそれよりも多くなっていたことなどに違いが出ました。

これはおそらく、イジメの質が変わってきていることと関係があるのではないかと思います。最近では以前のように明らかにイジメとわかるイジメは減り、イジメられている当人もそれと気づかないようなイジメが増えていると言います。そのへんがこの数字に表れているのではないでしょうか。

また「ひきこもり群」と「ひきこもり親和群＝グレーゾーン」や「一般群」との違いで見ると、大きく違ったのは「一人で遊んでいる方が楽しかった」が、やはり前者で当てはまる人が一般の人よりもかなり多かったということです。

さらに、ひきこもり群の人たちが、ひきこもりの状況になった原因として当てはまるものを回答した結果は35ページのようなものでした。

不登校や就職活動の失敗、病気は、ひきこもりの原因として誰でも理解するものでしょう。しかし、それと同等以上のものが、「職場になじめなかった」というものです。

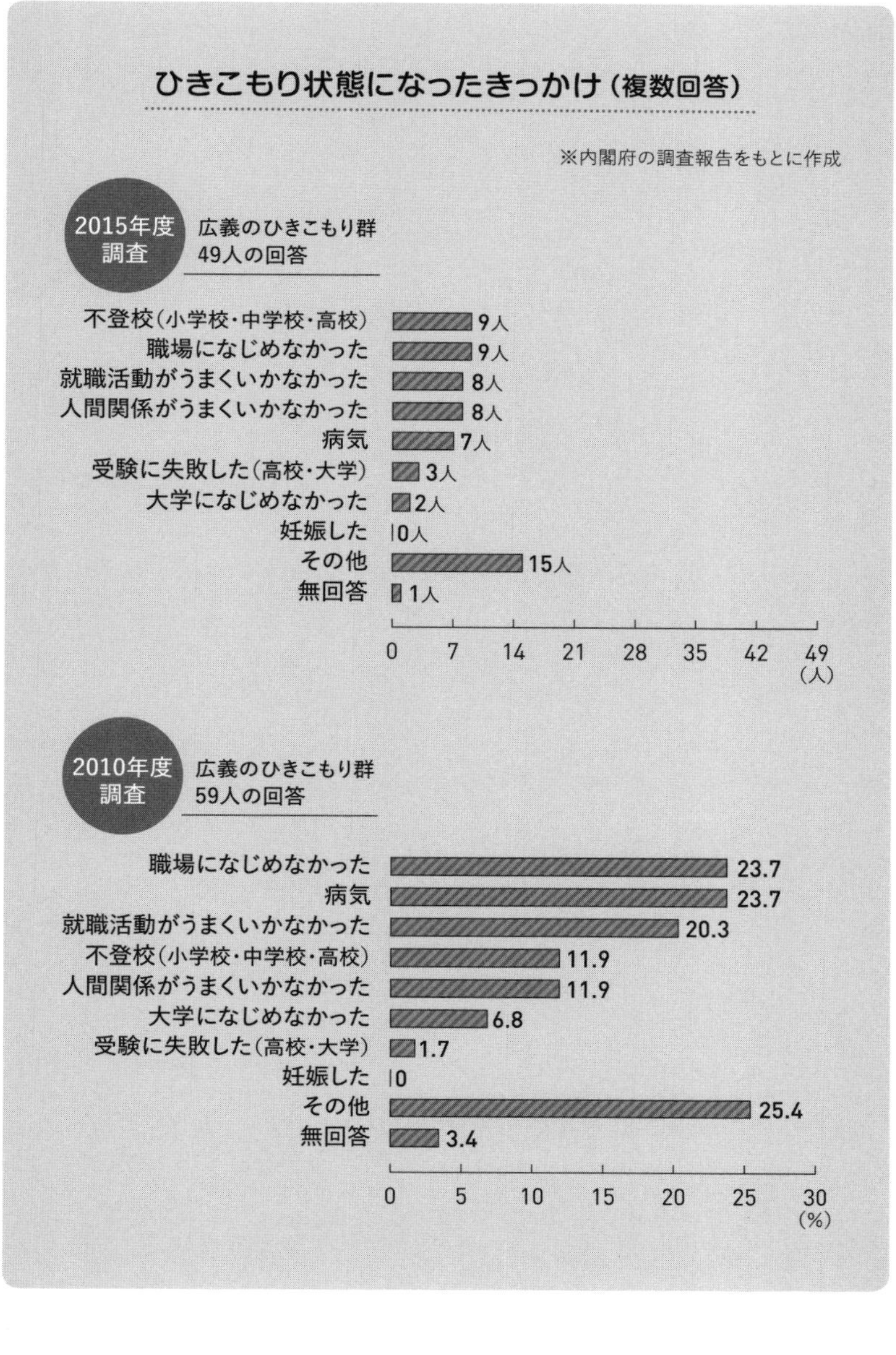
ひきこもり状態になったきっかけ（複数回答）
※内閣府の調査報告をもとに作成
2015年度調査
広義のひきこもり群
49人の回答
不登校（小学校・中学校・高校）
9人
職場になじめなかった
9人
就職活動がうまくいかなかった
8人
人間関係がうまくいかなかった
8人
病気
7人
受験に失敗した（高校・大学）
3人
大学になじめなかった
2人
妊娠した
0人
その他
15人
無回答
1人
0
7
14
21
28
35
42
49
（人）
2010年度調査
広義のひきこもり群
59人の回答
職場になじめなかった
23.7
病気
23.7
就職活動がうまくいかなかった
20.3
不登校（小学校・中学校・高校）
11.9
人間関係がうまくいかなかった
11.9
大学になじめなかった
6.8
受験に失敗した（高校・大学）
1.7
妊娠した
0
その他
25.4
無回答
3.4
0
5
10
15
20
25
30
（%）

自分が身を置いた環境、それも生活の経済基盤となる職場に馴染めなかった。考えてみれば、これがひきこもり（閉じこもり）の一番の理由だというのは、よくわかるという人もいるでしょうし、馴染めなければ、辞めて転職すればいいのに、と理解に苦しむ人もいるでしょう。

しかし、転職先を探すほどの元気があれば、ひきこもることもないはずで、おそらくは職場に馴染めないことでやる気をなくし、同時に体調を崩してしまう。そして「会社を休む」が「ひきこもる（閉じこもる）」につながっていくケースが多いのだと推測できます。

こうした調査からは、**「不登校」が原因（きっかけ）で長く閉じこもることは、私たちが想像しているよりも意外に少ない**こともわかります。

不登校が原因になったと答えた人は12〜15％程度で、決して少ないとは言えませんが、職業に関わる原因ほど多くはない。むしろ、中学〜高校〜大学の時代をどう過ごすかが「職業の選択」に影響を及ぼし、その結果、入った会社に馴染めずに……というケースが多いのではないかと推測できます。

ですから、まず押さえておきたいのは、不登校が長期の「閉じこもり」につながるケースは、多くの人がイメージしているほど多いわけではないということ。不登校の状態が長く続くのではないかと、当然、親は心配しがちです。しかし、心配なあまり「学校にはいつ行くの？」「いつまで学校にいかないつもり？」などと問いただせば、子どもは余計に自分の殻に閉じこもってしまいます。本人にもそうした質問の答えはわからないからです。

だから、家族はじっと見守る。朝晩の挨拶、美味しい食事を一緒に食べることはできるだけして、そっとしてあげましょう。

詳しい対処法はのちに述べますが、一つ言えることは、家族のケアがあれば、長期の閉じこもりになる可能性は少ないということ。不登校からそのままずっと家にこもり続けたケースは案外少ないのです。

閉じこもる人を支配する「白黒思考」

一時的に不登校になっても、その後転校したり、通信教育や自学学習でいわゆる大検

（現・高卒認定試験）を受け、大学へ入るといったプロセスをたどる人も数多くいます。

天才と言われ、台湾のデジタル担当大臣を務める、今話題のオードリー・タン。この人は、コロナ禍の中、政府が買い上げて供給することで誰でもマスクをすぐに着けられるアプリ「マスク・マップ」を3日で開発し、台湾のコロナ対策を牽引、後にコロナ新規感染者はほとんどいないという状況を作りました。タンはトランスジェンダー（性同一性障害）で、最初は男性として生き、のちに女性、その後性別なしという立場をとっています。

こうしたことが影響したのでしょう、ずば抜けて頭の良かったタンですが、14歳のときに「イジメ」を受け学校に行かなくなりました。そのとき家で何をしたかというと、まず「なぜ人は人をイジメるのか？」という疑問を解くため、あらゆる教育書を読み漁ったそうです。

その結果、「人をイジメるのにたいした理由はない」「イジメられる人よりイジメる人のほうに問題がある」との結論を得たようです。そして「イジメる人のことをいくら考えても無益だ」と転校し、それ以来、イジメに遭ったとしても、自分のせいではないと、自分が興味のあることに没頭、独学でＩＴを学んだのです。

天才だからこそできたことだと思うかもしれませんが、たとえ天才でなくても、こういう時期を経験し、その後、眠っていた才能を開花させることができたケースは少なくありません（タンはＨＳＰでもあります。彼のことは4章でまた詳しくふれます）。

このように、後に才能を発揮することになった多くの人が、一時的な「不登校」や「出社拒否」を経験しています。

それはなぜか。明確な理由があります。

彼らはその時期、閉じこもることで誰にも邪魔されることなく、自分が大切に思うこと、感じることを見つけだすことができた。そして自分独自の道を見出していったのです（4章参照）。

ただ中には、そのまま何年も社会に出ていくことなくこもってしまう人もいます。才能を開花させることができた人と、社会を拒絶し、ずっと閉じこもってしまう人の違いは何でしょうか。

閉じこもる人は「白黒思考」など、いくつか特徴的な考えを持っています。この世界は白＝善か、黒＝悪か。閉じこもる人の多くは、世の中はこの2色しかないという考えを持っている人が多いのです。

そういう人は、「学歴がある人、ない人」「お金がある人、ない人」というように、物事を二元論で考える思考からなかなか抜け出せない。その考えが自分を縛り「私は○○がないのでダメな人間だ」と自己否定してしまうのです。

ただ、そういう人の中から、ひきこもり＝ソロ活のあいだに、本やネット、あるいは学校以外の人たちに触れることで、この世界には多様な価値観があると理解する人が出てきます。そういう人は、一時的に不登校や出社拒否になってもそこから出てきます。

彼らの人生にとって、その時期は大変貴重な時期です。なぜなら、その時期があったからこそ、本来の自分を見つけることができたからです。

ですから、不登校や出社拒否を必要以上に恐れないでください。もちろん、そこまでいかない段階で「本来の自分」を見つけるほうがベターではあるでしょう。そのためには、**誰かのせいで「閉じこもり」になるより、自主的に「ひきこもり＝ソロ活」をすることに、予防的な効果がある**と私は思っています。

自分でも「原因がわからない」

先の総務省の調査では、ひきこもりの原因を「その他」としている人もおよそ４人に１人いました。「その他」とは、調査項目の選択肢にある一般的な原因（イジメ・パワハラなど）に当てはまらないことです。

その中には、どんな分類も違うと感じ、原因を言葉にできない、すなわち「自分でもよくわからない」という人たちもいます。

先の例のＡさんのように、原因不明のまま会社に行けなくなった人というのは、明らかなイジメがあったわけではありません。職場の空気に、あるいは自分本来の仕事とは感じられず、その違和感から体調不良を起こし、ある日ベッドから出られなくなる……。

こういう人の中には、ある程度自分を客観視できれば、おそらくは調査項目にある「職場になじめなかった」と答える人も一定数いるでしょう。そのように、自分が抱える原因がわかっている人には救いがあります。ところが、自分ではそれが認識できないまま、違和感が大きくなっていく人も少なからずいます。

不登校にしても出社拒否にしても、自分でもそうなった理由がわからないと、本人の不安はより大きくなります。

本人がわからないのですから、家族にわかるはずはありません。そのため家族は混乱し、不安を募らせていきます。やがて家族の混乱や不安が抱えきれないほど大きくなると、学校や会社に行かない理由を知りたいと本人を問い詰める形になり、家族との絆も切れていってしまう。そんなケースも少なくありません。

家族は、本人はわかっているだろうと「普通」に尋ねただけのつもりでも、明確に応えられない本人にとっては「責められている」と感じてしまう。これもよくあることです。

小学生や中学生が自ら命を断ったり、不登校になったとき、親が「イジメがあった」と訴えることがよくあります。このとき、学校サイドの調査では「イジメにあたるような状態ではなかった」という言葉を、以前よりよく耳にするようになりました。

これが学校サイドの隠ぺいなら言語道断ですし、調査不足ということもあるでしょう。しかし、それとは別に、以前のような明確な「イジメ」とは全く違う、**当人も「イジメられている」とは気づかないようなイジメが増えている。**同時に、「学校や会社の

○○が原因」と当人も認識できないような原因、言ってみれば**「空気」や「雰囲気」としか言いようのない、言葉にしにくい原因が増えつつある。**そう私は感じています。

学校や社会に蔓延する「嫌な空気」——ネグレクトと人への威圧

少し前に『かがみの孤城』という辻村深月《みづき》の本がベストセラーになりました。

あるとき不登校になり、閉じこもっていた主人公の部屋の鏡が、不思議な光を放ち始めます。その鏡の中に手を入れるようにしてみると、手は鏡の向こう側（内側の世界）に消え、主人公は身体ごと鏡の向こう側に行ってしまいます。

鏡の向こうの世界には7人の中学生がいて、彼らはみな学校には行っていないと言います。いったい彼らは、なぜ鏡の城にいるのか……。

さわりを言えば、こんな小説です。主人公が不登校から閉じこもりに至る原因は、同級生からのイジメと周囲からは見られていますが、主人公は「不登校の原因は言葉にできないだけなのに、教師も親もわかってくれない。どうしてそれがイジメなの？」「わかってもらえないから余計に苦しい、辛い」といったようなことを訴えます。

最近、中高生に人気のある小説やアニメ、漫画などの作品には、こうした「言葉にできない疎外感」を描いた作品がとても増えました。

『ゴーストハント』という小野不由美の人気ホラー小説シリーズは、学校に現れるゴーストを霊能の能力を持つ高校生が追い払うという話ですが、ここでも高校生たちの教師や学校への怒りや不安が、ゴーストという象徴的な存在となって不可思議現象を起こし、一部の高校生を苦しめるという構図になっています。

明確な理由はない。でもそこに行くと苦しくなる、辛くなる……。

学校だけではなく、今、そんな空気が、会社や社会にも微妙に蔓延しているように思います。会社や社会の空気が、学校という子どもたちの場所にも伝染していっているとも考えられますし、コロナウイルスという見えない敵の蔓延が、余計にこの「嫌な空気」を増長させているようにも思います。コロナ多発地区から来た人の車に「来るな！」という貼り紙をしたり、「あなたのせいで……」と仲の良かった友人を責めることになったり……。

本人も周りも「空気」としか言いようのない漠然としたものに恐れを抱く時代になっている、と私は思います。

「わかってもらえない」という苦しさ

他人に自分の気持ちをわかってもらえること、これはとても嬉しいものですが、逆に言うと「わかってもらえる人がいない」ことは、とても辛いということです。

ある日、会社や学校に行こうとしても自分の身体が動こうとしない。でも、その理由は「わからない」。そして、この「わからない」がわかってもらえない。

こうした特徴は、拙著（『ＨＳＰとグレーゾーンな人たち』廣済堂出版）でも紹介した「グレーゾーン」の人の悩みや辛さと同じです。

自分は他の人より些《さ》細《さい》なことが気になるようだ、傷つきやすいようだ。周りの人の言葉にすぐに影響を受ける。その影響がすぐに身体に現われる……。

ここまでは自分でわかりますが、次の問いには答えが出てきません。

「どうして自分だけがこうなるのか？」

感じ方というのは、その人固有の感覚です。どんな人も自分の感じ方——甘い、酸っぱい、音がうるさい、まぶしい等——は、自分にとって当然のものなので、他の人

がどう感じているのか、本当のところはわかりません。

料理を食べたとき自分はちょうどいいと思っていても、人によって「辛すぎる」「甘すぎる」といった違いが出てくるとき、「そうなんだ。この人はこれが辛いんだ」と違いがわかる。でも、さほど大きな問題にはなりません。結婚したばかりのときには、お互いの感覚の違いを感じても、少しずつ微調整していき、いつしか「わが家の味」ができていって、それが「普通」になっていくわけです。

しかし、食べ物の味ならそれもできますが、特に「場の空気」といった曖昧で、言葉にするのが難しいものを人にわかってもらうのはなかなか困難です。

その場を共有していない人にはもちろんわかりにくいし、その場にいたとしても同じように感じているとは限らないからです。そもそも、他人とお互いの感じ方の違いについて確かめ合うことなど、必要がなければあまりしないものでしょう。

私自身、大事な会議の場で自分の特殊な感じ方を何度も経験しています。

たとえば会議の最中、空気が格子状に見えた（実際にそう見えたのです）。また、ある一人の人物に、特に理由もなくゾッとする感じを受け、気分が悪くなったりしたこともあります。

また、私自身が人に不快感を与えていることがあるようだ、と気づくこともあります。相手にいきなり怒鳴られたり、叱られたり、避けられたりしたことで、どうしてだろう？　と顧みてわかったことです。

このような自分独自の感じ方は、他人になかなかわかってもらえない。これはある意味、当然です。「この気持ち、この感じ方をわかってもらえないのは、私がおかしいのか?」と思う前に、「自分と他人の感じ方はそもそも違う」ということは覚えておいて欲しいと思います。

ですから、あることに対して相手と意見が食い違ったとき、「建前だけ言って、本音を言わないのはおかしいじゃないか」とか「あなたの考えは歪んでいる」などと、相手を責めることはひとまずやめましょう。

相手を責めることによって、その人への「怒り」で自分の感情がいっぱいになって、冷静な議論ができなくなってしまう。そもそも自分の考える正義と人の考える正義は違うのだから、この人はこういうことを「正しい」とみなしているのかと、自分と違う相手の考え方、感じ方を認識し、「そんな考えの人もいる」ということを、自分の引き出しにストックしておけばいいのです。

「自分をわかってくれる人」はそもそも少ない

最近、「ポジショントーク」という言葉をよく耳にするようになりました。

ポジション、つまりその人の立ち位置から発言をすることで、本当はそうは思っていないけど、立場上、そう言わざるを得ないような発言のことです。

たとえば、上司が本音では「こんな無理な仕事はできないよな」と思っていても、「これくらいのことができなくてどうする」と、あなたに本音では思っていないことを口にすることがあります。立場上、その本音を口にすることはできないことがあるのです。

イジメをしている「あの人はひどい」と思っていても、それを口にすると、自分もイジメに遭うかもしれない、自分の立場が悪くなるかもしれない。こんなことから、自分の感じたことや思ったことを口にしない人は増えています。

そんな人が増えるに従い、場の空気はどんどん濁《にご》り、澱《よど》んでいきます。多くの人が、自分の感じ方を言葉に出さず内部に押し込めますが、でも、言わなくてもそれがガスのように溜まり、ちょっとずつ外に漏れ出ていくからです。

相手もまた自分の立ち位置に違和感を抱きつつも、それを無意識のうちに自分の内部に押し込めていることも考えられます。こんな人は多いものです。

なにしろ、昨日まで元気で人に威圧的だった人が、次の日には「うつ」になるようなケースが増えている時代です。自分を抑えているうちに、突然、もう一人の自分の反発が始まる――閉じこもりのケースでも同じことが言えます。

そうなる前に**「人の感じ方、考え方はみなちがう。むしろ、同じ考え方の人ばかりいるほうが気持ち悪いことで、自分とはちがう感じ方、考え方があるのが当然なのだ」**と、まずはこう思ってみてください。なぜなら、あなたの感じ方、考え方も、その「ちがいがある」中の一つにすぎないからです。

人はその人の立ち位置、ポジションによって、思っていることと正反対のことも平気で口にします。ある役職に就いたとたんに、それまで口にしていた上司への悪口が誉め言葉に変わる。「強引で部下のことを考えない人」と言っていた批判が「力強く頼りになる人」へと変わるのです。

そうした豹変は非難されるべきことと思うかもしれませんが、立場によって見えてくる人物像もまた変わる、批判や欠点も裏返せば長所となることはよくあります。めんどくさい人、神経質な人と見られがちなＨＳＰも、繊細な人、細かいことにもよく気づく人と見方を変えれば、それが長所になるのと同じです。

「あの人は、自分とはまったく価値観の違う人だ」と思えるようになればしめたもの。それでもどうしようもなく特に苦手な人、嫌いな人の言葉は、極力聞き流すようにすることです。

そもそも自分の気持ちをわかってくれる人は少ない。だから「わかってくれた人」がいるととても嬉しいし、その人を大切に感じるのです。

「私にはそんな風にわかってくれる人は身近にはいません。だいいち、そんな微妙な話をすることは日常生活ではほとんどありません」

おっしゃる通りでしょう。では「わかってくれる人」を見つけるにはどうしたらいいのでしょうか。

後で詳しく述べますが、今はネットでいろんな人とつながることができる時代です。ネットの中には、あなたと同じように「わかってもらえない気持ち」を抱えている人が大勢います。そして、彼らは自分の思いを表現し、訴えています。そうした場をうまく利用すれば「自分だけが……」が「自分だけじゃない」に変わるのも、それほど珍しいことではない時代ではないでしょうか。

「原因不明」の2つの理由

先に挙げたＡさんとＣ君の二人の事例では、不登校、出社拒否から閉じこもりに至るプロセスで、きっかけとなった原因がよくわからなくなっていると言いました。

こうしたケースは年々増える傾向にあり、「原因不明」の閉じこもりの人は今や４割近くいるとも言われています。しかし、一見「原因不明」と思われることでも、注意深く見れば原因は浮かび上がってくるものです。

先のＡさんのケースでは、彼女自身が大人であり、自分の内面を観察することができたため、外の現実と自分が本当に求めていることへのギャップがあることに原因があるのではないかとおぼろげにわかってきました。しかしＡさんのようなケースのほうが稀で、大人になってもその違和感を察知したり、自己分析ができる人は少ないようです。

一方、中学生のC君の場合、母親が不登校の理由を尋ねても「……べつに」と言うばかりで、明確な返事は返ってこなかった。この場合は2つのケースが考えられます。

■親には言いたくない

このケースでは親は、本人が進んで話し始めるまで、待つことが大事です。原因を追及して問い詰めたり、あれこれ詮索しないようにしてください。

親を避けたり拒絶するのは、親とのコミュニケーションを取りたくないからです。だからと言って「ほっとけ！」という親はいないでしょうし、心配が募ってあれこれ聞きたくなる親心はわかりますが、こちらがあなたのことを家族の一員として認めているという最低限の言葉がけをするぐらいにしてください。

具体的には、たまに部屋から出て来たとき「おはよう」と挨拶をする。何かやってくれたら「ありがとう」と言う。部屋にこもっている場合でも、ドアのそばで「お休み」「出かけてくるからね」と声かけをすることは大事です。「どこどこに行くから帰りは○時頃になる」といった情報も知らせておきます。家族がいない間に自由に部屋から出られるようにです。

そして、ときどき「何か欲しいものはある？」と、相手に返事をさせるための質問をしてみましょう。返事がなくても、こもっている人の頭の中には、「欲しいもの」のイメージが浮かぶかもしれません。欲望は人を動かしますから、「欲しいもの」「して欲しいこと」はしつこくならない程度にときどき尋ねてみます。

欲望は社会生活があってこそ生まれてくるものです。子どもの頃、友だちが持っているから同じおもちゃが欲しい、捨てようと思っていたモノなのに、人が欲しがると貴重に思えて捨てるのが惜しくなるといった経験をしたことがあるでしょう。こうした心理は、欲望が社会＝人とつながっていることを表しています。

他人の欲望と自分の欲望の取り違えが極端になると、先のAさんのように「自分より社会や親の欲望」を優先して突き進むことになり、これはこれでまた問題ですが、自分の欲望が極端にないという状態も問題で、生きる意欲を殺《そ》いでしまいます。

家族に閉じこもりを抱えていない場合であっても、家族同士の声かけが大事なのは言うまでもありません。ましてや、家族の一人が閉じこもっている場合、声かけの重要性は一段と高まってきます。

「ネグレクト」＝無視は、イジメ以上に人の心を傷つけます。ネグレクトは、相手の存在さえ否定する行為で、まるで、自分自身がいないかのように思わせてしまう。自分が幽霊のように、そこにいないと感じることほど、人の心を傷つけることはありません。声かけすらしないことは、家族にさえ見放された孤独感を植え付けることになってしまうのです。

一般的に、**閉じこもりは「外のどの場所にも自分の居場所がないと感じる」ことから起こります。だからこそ、せめて「家の中だけには居場所がある」と感じてもらうことは非常に重要なことです。**

■自分でも理由がわからない

先のC君のケースで、C君が家族を信頼していて、それでも理由を言わないとしたら、本人にもその理由がはっきりとはわかっていないと考えられます。しかし、そうした場合でも、やはり「空気」や「周りの人の言動」が鍵を握っている可能性はあります。

あるメーカーで技術職に就いていたDさんは、地方へ転勤して半年後、体調を崩し3

日ほど会社を休んだことがあります。元気になったDさんですが、会社に行こうとした朝のこと、身体がだるくて仕方がありません。病み上がりで本調子でないせいだろうと、その日は頑張って出社したのですが、翌日以降になってもだるさはなくなりません。

毎日、朝起きるのが辛い、会社に行く気が起きない……ついに彼はメンタルクリニックに行くことにしました。

クリニックの医師は、Dさんの状態――だるい、朝起きられない、ときどき身体じゅうから汗が出る――といった症状を聞き、思い当たる原因を尋ねましたが、Dさんは返事をしない。それで複雑な事情があると思ったのか、それ以上は聞かず「新しい職場でのストレスですね」とありきたりの診断をし、薬を出しました。Dさんが「会社にしばらくの休暇届を出したいのですが」と言うと、すぐに証明書も書いてくれました。

原因を聞く医師にDさんが答えなかったのは、特別な原因は思い当たらなかったからです。ただ、地方にある転勤先の雰囲気が、都会育ちのDさんには馴染めなかったことは確かで、私から見れば、新しい環境に「馴染めないストレス」こそが原因だったと思えるのです。

「馴染めないストレス」で居場所を失う

このような「馴染めないストレス」を抱え込むタイプの人の「馴染めない」は、ただその場所が嫌いだという単純なものではなく、さまざまな要素が絡み合っていることが多いので、「馴染めないもの」が何であるのか、本人もはっきりと認識できない。そのため言葉となって出てこない、ということはよくあります。

しかし、この「馴染めないストレス」を具体的にしない限り、Dさんはどこへ行っても「新しい環境でのストレス」を感じることになってしまい、どこにも行けなくなってしまうことでしょう。

多くの「言葉にできない」人たちの不登校、出社拒否、そこからの閉じこもりは、このようにして、ついには「自分の居場所」を失わせてしまうのです。

誰かにイジメられた、ハラスメントを受けたなどのはっきりした理由があれば、イジメる人のいない場所に行く（転校・転職など）ことで、再び居場所を見つけることができます。ところが、明確な理由がわからない場合、不安はどこまでも大きくなっていきます。

こうした「理由なき居心地の悪さ」とでもいうべきものを感じやすい人のタイプが主に2つあります。

■自分の気持ち、考えを言葉にするのが苦手な人

小中学生などが自分の考えをまだうまく言葉にできないことがありますが、「空気」や「雰囲気」といった捉えどころがないものについては、大人でも言葉にするのは難しいものです。たとえば「あの部屋に入ると空気が格子状に見える。だからもう行きたくない」と大人が言ったとしても、「そうなんですね。空気が格子状に見えるんですね、よくわかります」と共感してもらうのは難しい。ましてや子どもの場合は、そんな気持ちを言葉にし、わかってもらうのは至難の技でしょう。

技術関係の仕事に就いていた先のDさんも「しゃべる」ことは苦手でした。職場での雑談も「うまくできなかった」と言います。

地方には、その地方独特の文化や習慣があります。同じグループ会社でも会社が違えば、その会社独特のやり方、気の使い方などがあります。それはいちいち言葉に出さな

くてもすでにわかり合っている、暗黙の了解のようなものです。

それを外部から来たDさんはなかなか理解できず、言葉にできない「空気」に振り回された可能性もあります。

■空気や雰囲気に敏感すぎる人

もう一つは、敏感すぎるタイプの人です。CさんやDさんは、とても敏感な気質＝HSPだった可能性があります。場の空気、雰囲気に敏感に反応するがゆえに、人に振り回されてしまうのです。

私が監修を引き受けた『敏感すぎて困っている自分の対処法』（きこ書房）の著者、苑田純子さんは、あるとき原因不明の体調不良に悩まされたと言います。それまで風邪一つ引かないことが自慢だった彼女でしたが、次々と体調を崩し始めたときにはなかなか現実を受け入れることができなかった。

「まさか自分が寝たきりの閉じこもり生活を送ることになるとは、想像もしていなかった」

苑田さんはそんなふうに書いています。しかし、探求心が旺盛な彼女は自分の体調不良の原因を探る冒険に乗り出します。

彼女が見つけた答えは、自分は「ＨＳＰ＝とても敏感な体質だ」というものでした。

それまでも彼女は元気だったとはいえ、さまざまな症状を抱えていました。アレルギー性湿疹、頭痛、便秘、自覚もないのに、勝手に涙が出てくるプチうつ……。

彼女は、自分が「敏感すぎる」気質に生まれたなら、「細かいことを気にしないようにしよう」とか「神経質を治そう」ともがくより、そんな気質のいいところも悪いところもわかった上で、上手な付き合い方を身に付けようと思うようになります。

その結果、彼女はこれまでの体調不良が改善、心身ともに健康的な日々を過ごせるようになったと言います。

敏感すぎる人＝ＨＳＰは、周りの人の影響を受けやすいのです。とくに、「（イジメに走るような）悪意」を持った人に接すると、その悪意を人並み以上に引き受けることになってしまいます。

それでも、イジメをする人やその方法がはっきりわかっていればいいのですが、現在のイジメは巧妙で、誰がどんな風に誰を傷つけているのか、見えなくなってきている。

ですから、小中学生だけではなく大人でも「なんとなく仲間外れになっているような気がする」「理由はわからないけど、バカにされている」といった曖昧な感じ方になる。本人でさえそうですから、それをわかってくれる人はなかなかいない、ということになるのです。

「何となく嫌な感じ」は言葉にしにくいだけに、余計に心身を蝕《むしば》む場合があります。原因がわからないと、怒りの矛先がわからないだけに、家族や親しい友人にイライラをぶつけて、余計に自分が傷つくことも出てきます。

次の章では、その「何となく」の原因を探ってみましょう。

第1章のまとめ

★現在の「ひきこもり」の数は、日本の全世代計で100万人超。

★ひきこもり予備軍、いわゆる「グレーゾーン」の人たちはもっと多い。増える傾向にある。

★原因がわからない、言葉にしにくいイジメが増えている。

★ポジショントークと「嫌な空気」が蔓延しているのが今の時代。

★「言葉にできない」「原因不明」には、「親（周囲の人）には言いたくない」と「自分でも本当によくわからない」の2つのケースがある。

★自分でもよく把握できない「嫌な空気」とか「見えないイジメ」の影響を受けやすいタイプとして、周囲の影響を受けやすい敏感気質＝HSPである可能性が考えられる。

第2章

HSPとひきこもり予備軍

敏感な人は「ひとり好き」

先の章で、最近のひきこもり（閉じこもり）は、はっきりした原因がわからないままに起きることも多いと言いました。

原因がわからないのは、それをはっきりした言葉で表すことが難しいからですが、言葉にするのが難しい**「空気や気配を敏感に感じる人」が増えつつある**、ゆえに「原因がわからない」が増えているのも一方の事実でしょう。

この章では、その「気配」「空気」をキャッチしやすい人として敏感すぎる人＝ＨＳＰ、または発達障害や不安障害、うつなどとＨＳＰの両方にまたがるグレーゾーンの人を取り上げてみます。

まずは、５人に１人の割合でいると言われる「ＨＳＰ＝敏感すぎる人」には、どんな人が当てはまるのか、あなたの敏感度（ＨＳＰ度）を次のテストでチェックしてみましょう。

HSP度チェック（当てはまるものにチェックしてください）

- □ 周りの小さな変化にも気が付くほうだ。
- □ 他人の気分に左右されやすい。
- □ 痛みに弱い。
- □ 慌ただしい日々が続くと、ひとりになれる場所に逃げ込みたくなる。
- □ カフェインに敏感に反応する。
- □ 豊かな想像力を持ち、空想にふけりやすい。
- □ 明るい光や強い匂い、布の肌触り、大きな音に圧倒されやすい。
- □ 美術や音楽に深く心を動かされる。
- □ すぐにびっくりする。
- □ とても良心的である。
- □ 短期間にたくさんのことを頼まれると混乱する。
- □ 人の不愉快さを敏感に感じ、できることをやろうとする。
- □ ミスをしたり、物忘れをしやすい。
- □ 過激な映画やテレビを見ると気分が悪くなる。
- □ 空腹になると集中できないとか気分が悪くなるなどの反応が起きる。
- □ 生活の変化に混乱し、変化を好まない。
- □ 繊細な香りや味、音に安心する。
- □ サプライズに弱く、なるべく動揺するような状況は避けたい。
- □ 何かをしているとき、人に見られたり、競争するのが苦手で緊張する。
- □ 子どもの頃、親や教師に「内気」「引っ込み思案」だと言われたことがある。

以上のチェック項目は、ＨＳＰの概念を提唱したアメリカの心理学者エレイン・Ｎ・アーロン博士が提唱する自己テストです。12個以上当てはまる人はＨＳＰと診断できる、また、たとえ数が少なくても、ひとつの項目の度合いが強ければ、ＨＳＰである可能性は高いとしています。

注目していただきたいのは、これらのチェック項目に見られる「ひとり」「こもる」「他人に左右される」「傷つきやすい」「変化を好まない」といった言葉。広義のひきこもり＝ソロ活傾向のある人たちとの共通点が多いことに気づきます。

つまり、ＨＳＰ気質を持つ人は、ひきこもり＝ソロ活傾向が強く、ひきこもり（閉じこもり）と共通する特徴が多いのです。

ＨＳＰのそうした特徴は決して欠点ではなく、危機察知能力に長け、豊かな創造力に恵まれているという点でむしろ長所である、と私は拙著の中で何度も主張してきましたし、その考えは変わっていません。

その反面、それがゆえに他人の意向に振り回され、他人の考えを素早く察知して自分が動くので、身も心も疲れ果ててしまう。その結果「ひとりになりたい」とか「もうあんな場所には行きたくない」と思う。

ＨＳＰ気質の敏感な人が、本来なら長所であるはずの自分の気質に振り回されてひきこもり的になり、次第に生きづらくなっていくのは、こういう流れが多いと思います。

自分がどんな人間であるかを理解することは、人生でとても大事なこと、進路や仕事を選ぶ上でもとても重要です。周囲からの望まない影響を避けるためにも、自分が「敏感な人」だと認識し、そんな自分を受け入れる。自分を守るための第一歩です。

自分がひきこもりやすい気質を持っているとわかれば、そうならないための対処方も自ずからわかってきます。

先に挙げた内閣府の調査では、ひきこもりに対する親和性が高い「ひきこもり親和群」＝ひきこもりグレーゾーンの人は、たとえば「我慢することが多く」「ひとりが好き」「自分の感情を表に出すのが苦手」といった人ですが、ダントツに多いのは「自分の生活のことで人から干渉されたくない」という人で、ひきこもり群や一般の人が30％台なのに対し、64％台と2倍以上になっています。これは先のＨＳＰのチェックテストの項目と見事に一致し、こういうことが言えると思います。

実際にひきこもっているかどうかに限らず、ひきこもりを理解し、彼らの気持ちがよくわかる人には、敏感なＨＳＰ気質の人が多い。

そうした敏感な人たちは、実際にひきこもり（閉じこもり）になっている人よりも、ひきこもりに近いぎりぎりの場所にいる人が多い。

ＨＳＰの概念を知らなければ、自分がＨＳＰだと気づきようもありません。しかし、敏感気質であることに気づく人はいるでしょう。彼らは自分がそうだと気づいているでしょうか。

たとえば小中学生だと、自分が敏感な気質を持っていることには気づかないことが多いものです。気づく前に傷ついてしまうケースが多いからです。

だからこそ、親が子どもの敏感さに、それこそ「敏感」になってください。子どもが自分のことを客観視するのはまだ難しいので、子どもを持っている人は、自分のチェックのあとに、子どもの立場に立ってチェックしてみてください。

この子は「人見知りが激しい」「大勢と遊ぶよりひとり遊びが好きだった」など、今まで見えなかった面が見えてくるだけでも意義があります。

敏感な人は、なぜソロ活を好むのか

敏感なＨＳＰ気質の人は、ひきこもり（閉じこもり）と共通した「ひとりを好む」という特徴があることがわかりました。

では、なぜＨＳＰはソロ活を好むのでしょうか。

ＨＳＰの人は、脳の中に性能のいいセンサーを持っていて、わずかな刺激にも反応し、アラームを鳴らします。このＨＳＰの人が持つ能力は、人類のおおよそ2割の人が持つ能力とアーロンはいいます。それは危険に満ちた世界で、危険を素早く察知する人が必要なためのサバイバル能力なのです。

しかし、それほど危機察知能力に優れたＨＳＰ気質を持つ人々が、今の時代、逆に危機に面してしまっている。これはなぜでしょう。少し大袈裟にいうと、世界中が危機に陥っているからと言えます。

人間の脳が追いついていけないほどのスピードで進む、お金と生産性、すなわち経済第一が行き過ぎた世界。このために地球規模で経済のグローバル化が進み、温暖化といった環境面だけでなく、いわゆる格差社会といったものも増長の一途をたどっています。もちろん、そうした歪みは、多くの人たちの心の歪みとなっていきますが、それに気づかないほどのスピードで世の中は動いていってしまうのです。

モノはありあまるほどあるのに、もっと買ってと煽りたてるビジネス競争社会に常に乗り遅れまいと必死になり、洗脳され、常に誰かと比較され続ける……。そうしたものから人間が抑圧を受け続けるストレス社会に私たちは生きています。

学校も無縁ではいられません。クラスの中に一軍、一軍半、二軍、といった序列ができる「スクールカースト」の中で、子どもたちも過剰なストレスを受けているのです。

多くの人がいつも何かに追われ、急かされ、苛立っている——これが今の時代です。

先に「原因がよくわからないイジメが増えている」と言いましたが、イジメる側、パワハラする側も、なぜ自分が人をイジメるのかさえ意識していないことが往々にしてあるのです。

そうした時代の中で、敏感なＨＳＰは、危機に素早く反応し、その危機を「体調を崩す」などでわかりやすく表します。体調の崩れは「優しさ」の表れでもあるのです。

しかし、それをわかってくれる人は、余裕のない現代社会ではとても少ない。そのため、自分が体調を崩すことで、本来なら他人を救うために機能するはずのアラームが全く機能せず、ただ自分を苦しめるだけになってしまう。その結果、こういうことになります。

人からの理解を得られない
←
それなら何も言わない・行動しない
←
ひとりでこもる

もう一つ、ＨＳＰ気質の敏感な人がひとりを好むのは、周りの人の言動や仕草、匂いまでにまで敏感に反応し、自分の中に「他人が土足で入ってくる」ことに人一倍の不愉快さを感じるのも大きな理由ですが、さらにもう一つ、大切な理由があります。

それは、「ひとりでいることでしか自分の価値が見つけられない、もう一人の自分がいる」というものです。このケースを紹介しましょう。

ケース3

もう「空気」は読まない

幼い頃から、大勢の大人に囲まれて育ったE君。周りには両親のほかに、母方の祖父母が近くに住んでいました。親にとっては初めての子、その両親にとっては、初孫になるため、誕生日ともなると皆、駆けつけて大変な賑わいでした。

皆に可愛がられてのびのびと育ったE君ですが、妹が生まれ、両親や祖父母の関心が妹に向き始めた時のことを覚えています。それは猛烈な嫉妬心でした。自分がのけ者にされる、もう愛されないかもしれないという不安に陥ったのです。

もちろん、こんな自分の感情に気づいたのは、だいぶ時が経ってからのことですが、それ以来、E君は親や祖父母の関心を得たいと、顔色を伺うことが多くなりました。母親が不機嫌なときには、大人しくしている。その代わり機嫌がいいときには、欲しいものをねだるといった具合です。

つまり、E君は空気を読むことがうまくなっていったのです。空気を読むことで、自分にとっての利益と不利益がわかる。そんなE君は小中と順調に進みましたが、高校に入ってからいきなり学校に行くのが苦痛になっていきました。

「E君は周りの状況に合わせて行動するんだね、自分がない」と友人に言われたのです。それまで「空気を読む」ことでイジメにも遭わず、順調にやってきたのに、それを見抜かれた上、非難までされたことにショックを受けたE君。

それ以上に苦痛だったのは、周りの空気を読みうまく立ちまわる自分への嫌悪感が湧き出てきたことです。周りの空気を読むことでスムーズに毎日を送っていたE君は、それ以来人と一緒にいることが苦痛になってきました。

自然に人の顔色を伺ってしまう自分と、それを嫌悪する自分。

そんな葛藤のためか、彼は体調を崩し、学校への足が遠のいてしまいます。両親は、それまで順調だった息子のことだからと「まあ、そんなときもあるだろう」と彼の思うままにさせました。

学校には行きませんが、食事は家族と一緒にとります。それ以外はひとりでずっと部屋にいるうちに、E君は人の顔色を伺う必要もなく、周りの空気を読まずに済むことがどれほど気持ちいいことかに気づきます。まるで広い草原で手足を伸ばし、深呼吸をしているような快適さです。自分の中には、いつも自分を見張っている他人がいたんだ。

E君はそう思うようになりました。その「他人」にいつも「こうしろ、ああしろ」と命令され、それに従っていたんだと。

それに気づいたE君は、再び登校するようになりました。そのうち彼は、他人は自分に何をして欲しがっているのかを「想定」し、本人に確かめるという実験をしてみました。すると多くの場合、E君の想定とは違う結果が出てきました。E君の思い過ごしというケースが多かったのです。

「自分の中にいる他人」をまずは追い出す。E君は、これを以後の課題にしました。

その上で自分が本当は何を感じ、何をしたいかを探っていく。

「もう空気は読まない」

それで人に嫌われても、気が利かないなと言われても、まずは自分の感じ方が大事と思うようになったのです。

二人の自分

心理学者として名高いカール・グスタフ・ユングは、幼い頃、自分の中に「二人の自分がいるのではないか」という思いに苦しめられた経験を、自伝の中でこんなふうに書いています。

一人の自分は「（周囲の人たちに適合しようとして）現実の中で身動きできなくなっている自分」。もう一人の自分は「ひとりでいたい。誰にも邪魔されずに何かに熱中し、その間、誰かに見られたり判定されたくない自分」。

ユングの母親もまた、このような「二重性」を持った人物で、「昼間は聞き上手で人あしらいがうまく、ユーモアがあった」が、夜になると彼女は「暗く、人の心をよむ予言者のようだった」とユングは述べています。

E君の中にも、そんな「二人の自分」がいました。

持ち前の敏感さを生かし、周りにセンサーを張り巡らし、相手の意向をすぐに察して行動する。現実的で世渡り上手。それは大人ばかりの環境の中で育ち、のちにライバルと感じた妹の存在に脅かされて育ったE君の処世術だったのかもしれません。

相手の考えを素早く読み取る敏感さ、それは当初、外に向けて周囲と適合するために

使われていましたが、それを誰かに指摘されて自分の内部へと向かい始めたのです。
こうした「繊細さ」というのは、髪の毛が黒・金髪、目の色が黒・茶色などと同じように、その人を特徴づける、持って生まれた気質です。
ただし、髪や目の色それ自体は長所でも短所でもありませんが、時代や文化的な背景によって、それは長所にも短所にもなる。同じように「繊細・敏感」といった気質も、長所にも短所にもなるのです。このことは何度繰り返しても、言い過ぎということはないぐらい重要なことです。

E君の場合は、意図的に「空気を読む」といった行為に、うすうすながら違和感を抱いていた、空気を読みすぎたため本来の自分が隠れてしまっていた。それは、いつかより強い衝動となって、体調を大きく崩したり、自分をコントロールできなくなったりすることになっていた可能性があります。しかし、彼は一時的に避難、ソロ活をすることで自分を取り戻すことができたのです。

刺激には「強すぎる、弱すぎる」はない

「それ、考えすぎじゃない」
「そんなこと誰も思ってないよ」
「神経質すぎるね」

敏感な人に対し誰かが投げる、こんな言葉をよく耳にします。

ある音が大きすぎるのか小さ過ぎるのか、この光がまぶし過ぎるのか、それは考えすぎなのか、そうではないのか。多くの人は、世間的な意味でそれらに対する基準を口にしますが、実は「過ぎる」か「過ぎない」かに正解などありません。

自分が感じることがすべて。つまり、ある意味、すべてが正解なのです。

将棋界の「ヒフミン」こと加藤一二三は、ある温泉地で対局をしているとき、窓の外の小川のせせらぎが「うるさ過ぎて集中できない」と言ったそうです。

他の人には安らぎ、癒しと聞こえる囁きや音が、カンにさわる。香水や家庭の消臭剤の匂いに顔をしかめる人も結構います。美しいとされる色に目が痛くなる人だっているし、ある音楽を聞いて、うるさいと感じる人もいれば、うっとりと聞きほれる人もいます。

大勢の人がいい匂い、きれいな音、色として認識しているからといって、そうは感じない自分をおかしいと思う必要はありません。感じ方は人それぞれなのです。

多くの人と自分の感じ方が違うなと思ったら、「人の感じ方はそれぞれ」という言葉を思い出してください。ただし、敢えて「私はきれいだと感じないんだけど……」などと口にしなくてもいいでしょう。

HSPは時に「冷たい人」に見られる

学校や職場で、自分以外の人が嫌な目に遭ったり、叱られたりするのを目にすると、苦しくなったり気分が悪くなる人もいます。それは、他人の痛みを自分のこととして感じるからです。学校などで他の子がいじめられるのを見て、避けたり逃げ出したりするのも、それを目にするだけで辛くなるからです。

そのため、ＨＳＰには一見「クール」で冷たいと思われている人も数多くいます。あまりに辛いので、自分の感情をシャットアウトしてしまうからです。

多くの人に救済の手を差し伸べたマザー・テレサ。彼女はどんな凄惨な現実を目にしても怖れることなく、どんな過酷な場所に行っても平然としていたと言います。それはとても立派で尊敬すべきことですが、一方で、彼女は「サイコパス」だったとの精神科医の言葉があります。

何を見ても感情を動かされず、重症患者を前にしても動揺することがない。死に近い人々に対して共感することもなく、人をコントロールして思うように動かす……。

「サイコパス」というと、残酷な行為を平気でする犯罪者というイメージを抱きますが、心理学では「サイコパス」は決して悪い意味だけではありません。

トップレベルの起業家、外科医、弁護士、ジャーナリスト、警察官などは、このような特徴があることで、冷静に行動できるのです。敏感なＨＳＰとは逆に、周りの人の言動に動かされず、また共感もしないという、いわゆる「空気を読めない」人たちもまた疎外、無視などのイジメに遭いやすいのです。

　ＨＳＰだけでなく、どんな気質も、置かれる場所によって長所にも短所にもなる。このことはとても重要なことです。

　大ケガをして血を流している人を見ると気分が悪くなる人に、外科手術はできませんね。救急医療の看護師や医師にも、もちろん向かないでしょう。そういう人がたまたま偏差値が高く、年収やステイタスが高いからと医師の道に進み、手先が器用なので外科医を選択したとします。

　しかし、その人がＨＳＰだったらどうでしょう。最初は自分を抑えていたとしても、いつかは挫折する可能性が高い。何より、自分が選んだ仕事なのに喜びを感じられないのは一番辛いのではないでしょうか。

HSPは必ずしも繊細ではない!?――病名が特定できないグレーゾーン

「ＨＳＰは繊細である」――こう定義されているので、ＨＳＰはあらゆる面で神経が行き届き、小動物のように周りの音や動きにビクビクしがちと思うかもしれません。「繊細」という言葉からは「ガラスのように壊れやすい」イメージが浮かびます。「痩せて華奢な人」というイメージも浮かびます。しかし実際には、ＨＳＰがいつもビクビクしていて、サプライズが苦手だとは限りません。

私は何年もの間うつ病で苦しみ、のたうち回って生きてきました。そんなときＨＳＰという概念を知り、「そうか、私はＨＳＰ気質だったのか」とわかったことで、それまでのさまざまな不可解な現象が腑《ふ》に落ちた経験があります。

私は、電車の中で化粧している女性がいきなり私に向かって「何、見てるんだよ」という怒鳴り声を発するのが聞こえたり、仕事の打ち合わせで相手が断る前に「ああ、この仕事は断られるな」とわかったりするような、いわば被害妄想の癖があるともとれるような人間でした。

そんな自分がＨＳＰという病気ではない「気質」だとわかり、救われた気持ちになりましたが、外見的に私は「繊細」というイメージからはほど遠い。痩せているわけでもないし、声は大きい。それに加え、繊細だからといって、すべての面に神経を使っているわけでもないのです。

私もそうですが、**HSP気質の人は、目の前のことに注意がいき過ぎて、一緒にいる人への気遣いができないこともよくあります。**ＨＳＰ気質の知人は、玄関の靴をいつも脱ぎっぱなしで、家の人によく注意されていますし、レストランでの注文も、つい自分が先にしてしまう。

「靴を揃えないのは、家に帰ると何より先にやりたいことがあるからだ」と彼は言います。レストランで周りより先に注文するのは、立場上、むしろ気をつかったつもりの行動で、自分が先に決めないと、他の人がいつまでも決まらないからです。

人から何か頼まれたら、それを完璧にこなさなくてはと思うあまり、ケアレスミスをしがちな人もいます。ＨＳＰの敏感センサーが、どの方向で作動するかは人それぞれなのです。

ある人は音には敏感ですが、匂いはあまり気にしません。相手の言葉にはすぐに反応するのに、その人の服装などには全く無関心といった人もいます。

人それぞれ、感じ方のポイントが違うのです。

その一方で、音にも匂いにも人の言葉にも敏感に反応するのに、ＨＳＰではないという人もいます。

幼い頃、親にちゃんと可愛がられることなく育ち、常に精神的に不安定な状態にいたため人を信用・信頼することができない。警戒心が強いため、相手が敵か味方かを嗅ぎ分けようと注意深くなってしまったのです。

また一方には、うつ、発達障害、不安障害（不安症）、パニック障害といった病名まででは特定できないけれど、それらに近い状態で、そのため余計に混乱して生きづらくなってしまった「グレーゾーン」と呼ばれる人たちがいます。

だったらグレーゾーンはＨＳＰに分類される場合もあるのではないかと思うかもしれませんが、両者は外見的に同じように見える場合でも、大きな違いがあります。

簡単に言えばＨＳＰは気質で、生まれつき敏感なセンサーを持っています。子どもの頃から音や匂いに敏感で、遠足や運動会などのイベントが終わるとぐったりするといった特徴を持つ人が多い。それに対しグレーゾーンの人は、以前はとても元気だったのに、環境の変化などで別人のようになってしまった――つまり後天的に発生したＨＳＰ的特徴を持ちます。

ただ、発達障害のグレーゾーン（発達障害ではないけれど、それに近い困った症状を持つ人）の場合は、子どもの頃からその傾向があるなど、発達障害とＨＳＰの両方の傾向を持つと考えてもよさそうなほど見分け方は複雑なので、興味のある方は拙著『ＨＳＰとグレーゾーンな人たち』（廣済堂出版）を参考にしてください。

見分け方はともかく、当人からしてみると、どちらにせよ辛さ、苦しさ、生きづらさを抱えているのは同じで、原因こそ違いますが、対処法は重なる部分が多いので、後述する方法をぜひ試してみてください。

発達障害とひきこもり

狭義のひきこもり＝閉じこもりの３割は発達障害という説があります。また一方で、東大生の９割はアスペルガー症候群（発達障害の一種）だとも言われています。つまり、同じ傾向を持ちながらも、形としては違う表れをしていると考えることができます。

発達障害の主なものには「ＡＳＤ（アスペルガー症候群＝高機能障害、自閉症」と「ＡＤＨＤ（注意欠陥多動性障害）」があります。どちらも社会的なコミュニケーションや対人関係が苦手といった特徴がありますが、好きなことには強いこだわりを持ち、それが学習面に向かうケースと趣味の方向にいくケースとがあります。

ＨＳＰとの共通点も多く、感覚過敏・こだわりが強い・頭の中にいろんな考えが次々と浮かぶ・想定外の出来事に弱くパニック状態になりやすい、などが挙げられます。これについては拙著（『ＨＳＰと発達障害』）に詳しいので、興味のある方はそちらを参考にしてください。

数年前、元農水省の事務次官が、ひきこもりで家庭内暴力をふるっていた息子を殺害するというショッキングな事件がありましたが、亡くなった息子さんは発達障害だったと言われています。

彼は中学校時代に不登校になり、ひきこもりになっていたということです。それは発達障害からきたものかどうかはわかりませんが、いわゆる「ＫＹ（空気が読めない）」のために周りの人と歩調を合わすことができない、コミュニケーションや対人関係が苦手ということがあり、イジメに遭っていたとも言われています。

それに加え、子どもの価値を何より学校の成績におく、教育の目的が偏った家庭だったようです。子どもの学力や成績を重視するのは親として当然だと思うかもしれませんが、**子どもが家庭に求める一番のことは「安心・安全な場所」であること**です。そのこと以上に親が子どもの成績を重視し、それに一喜一憂すれば、親の期待するほどの成果をあげられなかった子どもは自分を卑下し、自己肯定感が低くなっていきます。社会的に立派な立場の父親への劣等感もあったことでしょう。

親の期待に応えようと努力してもそれが叶えられない。それでも親からの失望、怒り、落胆をもろに受ければ、子どもの生きる気力や意欲は当然なくなっていきます。そこにイジメが加わって、彼は閉じこもるようになったと私は考えています。

彼は、「幼い頃は仕方なく母親の命令に従っていたけど、大きくなったら必ず仕返しする」と、学習する意欲より親への復讐が生きる目的になっていった可能性があります。そして、身長が母親を超えた頃から母親への暴力が始まったようです。

こうしたことが明るみになってから「幼い頃に発達障害の治療を受けていれば……」という専門家の声をよく耳にしましたが、社会的な対面や教育重視の家庭では、子どもが自分の思うように育たないことを「親の価値の低下」と考えることも多いので、わが子の現実を受け入れがたいのです。それゆえ、早期に子どもを病院に連れて行ったり、不登校になったとき、すぐに公的機関に相談するなどの選択もしづらいのです。

第2章のまとめ

★自分がどんな特徴＝気質を持っているのかを知ることは、自分の将来（進学や就職）を選択する上でも重要になってくる。

★引きこもり予備軍＝グレーゾーンは「我慢することが多い」「ひとりが好き」「自分の感情を表に出すのが苦手」という特徴を持ち、敏感なＨＳＰ気質と共通点が多い。

★ひとり＝ソロ活をすることでしか、自分の本当の望み、願望はわからないことがある。

★ある刺激に対する感じ方は人それぞれで、そこには「強すぎる・弱すぎる」といった基準はない。

★発達障害とＨＳＰには似た特徴が多く、見分けるのはなかなか難しい。

第3章

#「敏感さ・繊細さ」と「ひきこもり」の関係

家族の盲点——意外に気づかない、きょうだい間の確執

「アダルトチルドレン」「毒親」といった家族関係、とくに親子関係に根差した問題をよく耳にします。しかし意外な盲点が、きょうだい間の確執。そこで起こった「暴力」「傷つき」「イジメ」に気づかない親が多いのです。

ケース4 兄からのイジメで部屋から出られなくなった

Fさんの娘、Gさんが自室から出てこなくなったのは、高校1年のゴールデンウィークを終わった頃でした。連休で遊びすぎた疲れが出たせいだろうと母親は思っていたそうです。というのは連休中、友人と旅行に行き、帰ってからも朝早くから夜遅くまで出歩いていたからです。「お休みなのに、ほとんど顔を合わせなかったなあ」と母親は当時を振り返ります。

Gさんはテニス部に所属し、県大会への出場候補になったこともあるほどでした。2

つ違いの兄がテニスをやっていたのに付いていくうちに自分が夢中になって上達し、いつしか兄を凌ぐほどになっていました。

そんな妹を見て、兄はテニスをやめてしまいます。すると「私もやめようかな」と娘が言い出し、「ここまで頑張ったんだから続けなさいよ」と励ましたことがありましたが、当時は「受験勉強に集中するつもりなのかな」ぐらいに考えていました。兄のほうはテニスをやめた後、やっていた頃とは打って変わったように全くしゃべらなくなりましたが、それも受験を控えているせいだろうと思っていたのです。

そのうち、Ｇさんは家族との食事を、いろんな理由をつけては一緒にとらなくなりました。トイレやお風呂のときに兄と出くわすとビクッとしたり、「ケーキでも食べない？」と声をかけても「あとで」と部屋から出てきません。思えば、それも兄がリビングにいるときだったそうです。

さて、5月の連休が明けてから学校に行く時間になっても部屋から出てこなくなったＧさん。それも兄が家にいるのが原因だったようです。兄は塾での勉強を重視していて学校には遅れていくことが多くなっていたのです。Ｇさんは、学校に行くのが嫌というより、兄と顔を合わせるのを避けていたのです。

なぜ、兄と顔を合わせるのが嫌になったのか。実は、テニス部をやめた兄は、自分の思い通りにいかないことがあると妹の部屋に行き、「お前のせいだ」と妹をなじるようになっていたのです。

それ以前にも伏線がありました。Ｇさんが生まれた頃、母親が望んでいた女の子だったため、母親はＧさんに自分好みの服を着せては「可愛いでしょ！」と兄に言ったりしていました。兄にはそれが自分をないがしろにされているようで悲しく、悔しかったのです。

加えて、好きだったテニスまで妹に奪われたように思った兄は、いつしか自分のうっ憤を妹に向けるようになった。母親が風呂に入っている隙に、Ｇさんの部屋の壁をバンバン叩くようなこともありましたが、Ｇさんは兄に「悪いことをした」という後ろめたさを持っていたため、母親にそれを告げることもできなかったようです。

部屋にこもるようになったのは兄を避けたいがためでしたが、兄もそれを知っていながら、Ｇさんが学校へ行く時間にわざとリビングでぐずぐずしていたのです。

同じ親でも子どもは同じではない

ひきこもりの原因というと、まず学校でのイジメ、次は家庭を含めた環境が指摘され、子どもの頃には親の監視のもとにいるので、Fさん家族のような、きょうだい間の確執はなかなか表には出ません。家庭内の死角と言えると私は思っています。

「優秀な兄（姉）」に劣等感を抱く弟や妹。そこで生じた傷つきは、他人に対しても同様の「傷つきやすさ」を作ってしまいます。

1章で紹介した国の調査では「ひきこもり」は男性、それも長男に多いという結果が出ています。長男への期待がプレッシャーになっているという説もありますが、本当のところはよくわかっていません。また、長男に限らず、立場によってどの子もそれぞれに異なるプレッシャーや葛藤を抱えているはずですから、子どもは一人ひとり皆違うという前提で接したほうがいいと思います。

「同じ親の下、同じ環境で育ったのに、あなた一人だけ○○なのはおかしい」

こういう誤解をする親もいます。

二人の子を育てたあるシングルマザーの長男は、父親がいないことが大きなトラウマになり、それだけが原因とは言えませんが、仕事で上司に大声で叱られたことで出社拒否になりました。会社に行かない間、友達と会うなど外には出ていましたが、家では「僕がこんな風になったのは父親がいなかったからだ」と母親を責めたそうです。

一方の長女（長男の妹）のほうは「父親はいらないし、いないほうがいい」と、父親の不在をむしろ当然と受け止めていました。そんな妹に兄は「お前は小さい頃に別れているから、その寂しさを知らないんだ」と、欠落感を持たない妹に嫉妬する始末です。

このケースはわかりやすいほうですが、人の心理は複雑ですから、何が劣等感になるのか簡単にはわかりません。親だって時が経つにつれ心理状態が変化しますから、上の子が幼いときには仲の良かった両親も、下の子のときには、喧嘩ばかりしていたとか、経済状態が変わってきたなどの影響で変化した親の言動を子どもは敏感に察知します。

性格の違いもあります。それこそＨＳＰ気質の子どもなら、普通の人には理解しがたいことで傷つく可能性もあります。

前章でふれた元事務次官の息子は長男ですが、その妹はひきこもりの兄の存在が原因で婚約を破棄され、事件の数年前に自殺していることが公判で明らかになりました。きょうだいの閉じこもりは、他のきょうだいにも大きな傷を残します。

親は閉じこもっている子どもにばかり注意を向けがちですが、その影響を受ける他の子どもたちにも細心の注意を向ける必要があります。「そんなことで傷つくのはおかしい」「同じように育てたのに」などの言葉は、絶対に使わないようにしたいものです。

明らかにわかる違い（病弱など）のほかに繊細な気質か、そうでないかによっても大きく違ってきます。わが子の傾向をつかむためにも、子どもになり替わって2章の「ＨＳＰ度チェック」をぜひ試してみてください。

ひとりっ子は、それだけで病気？

20世紀初頭、心理学の草分けと言われたアメリカの心理学者スタンレー・ホールは、「ひとりっ子であることはそれだけで病気である」と提唱しました。子どもへの関心があまりなかった当時の心理学界に、子どもの育成がその後の人生に影響を与えるという考えを持ち込み、それは「子どもの発見」とも言われています。

彼が病気とまで言った、ひとりっ子の特徴とは次のようなものです。

・依存心が強い（いつも先に親が手を出すため。最初の子なのでケガをさせたくないという心理が働く）
・ひとりが好き（自分ひとりで遊ぶことが多いので、ひとりに慣れている）
・反論することが少ない（同じくらいの年齢の人に反論、喧嘩する機会が少ないため、自己主張が不得意になる）
・甘えん坊（周りに年上が多いので、わがままが通りやすい）
・キレやすい（年長者を相手に反論してもかなわないので、泣く、怒るなど感情的になって自分の意見を通そうとする）

子どもの頃からきょうだい間で喧嘩をして鍛えられることがないので、こうした性格が形成されやすいとホールは言うのです。

しかしこれは、今ではひとりっ子に限らず、長男、長女、あるいは末っ子にも当てはまる性格ではないでしょうか。つまり、3人、4人きょうだいは当たり前だった昔に比べて子どもが少ない家庭が増えた結果、皆ひとりっ子的な性格を持っていて、そのまま大きくなる。それが今の子どもたちなのかもしれないと思っています。

「長男にひきこもりが多い」という説は、ひとりっ子はそれだけで病気であるという説と似ています。最初の男の子である長男はそれだけで期待されやすく、ひとりっ子もずっと親の期待を背負っているという点で共通しているのです。

少子化の進む現在、長男、長女が増え、どの子も親からの過保護や学力重視の下で育つ傾向があります。これも、ひきこもりが増えたことと無関係ではないと考えられます。

一方、ＨＳＰと同様に、一見欠点だと言われる傾向も裏返せば長所になります。ホールが生きた時代は子どもが大勢いるのが当たり前で、ひとりっ子はとても珍しかったので「病気」と考えたのも無理はありませんが、これからの時代は、従来の考えを新たな視点で見直すほうがいいでしょう。

ひとりっ子の特徴であるわがままは「我が道を行く」に通じますから、ひとりっ子は「時代をリードする人」になれる可能性もあるのです。

年齢で考えるひきこもりとＨＳＰ――30代でも続く思春期

先の章ではＨＳＰやグレーゾーン、発達障害など、ひきこもりを起こしやすい人を気質やメンタリティの面から述べました。

周囲の影響を受けやすいＨＳＰ、違和感に敏感なグレーゾーン、空気を読みにくく、それゆえ周りからの同調圧力を受けやすい発達障害などですが、それを時期や年代などの時間軸で見ていきたいと思います。

うつなどと同様に、ひきこもりになりやすい時期というのはあります。周りの環境の変化に敏感な人は、そんな時期には注意深く、自分の身体や心の声に耳を傾け、リラックスする場を設けるなどしてください。

あなたが親なら、子どもたちの様子、言動にいつも以上に気をつけ、気を配ってください。それが取り越し苦労だったとしても、親からの優しい言葉はいつでも、どんな子どもの心にも安心を作り出します。

安心・安全の土台を作る幼児期と子ども時代

子どもの時期は、親とのかかわりの中で安心・安全の土台を作る時期です。子どもはこの世界に生まれてきた初めての経験として、誰かに「絶対的」に受け入れられることで、自分は安心、安全だと身体全体で知っていきます。

それでも敏感なＨＳＰ気質の子は、小さな物音に怯え、いきなり泣き出したりして親を困惑させることがあります。昔の人はよく泣く、ぐずる子を「癇《かん》の虫が強い」という言葉で表現しました。

もし、あなたが不安になりやすい人だとしたら、小さい頃に何か原因があるのかもしれません。子ども時代の記憶を思い出し、次のような項目をチェックすることで、あなたがＨＳＰ気質を持っているかどうかをチェックしてください。

□ 親との思い出であまり嫌な経験を持ったことはない。

□ 「この子は神経質で、よく泣いた」と言われたことがある。

□ 短時間でも親と離れると不安になり、親を探しにいったことがある。

□ 遠足や運動会などイベントの前後には興奮して眠れなくなったり、熱が出たりした。

□ 誕生日会が苦手で、場所の匂いや音が気になった。

□ 小学校に上がったとき、新しい環境に馴染めなかった。

□ 親や教師に叱られたり注意されると、いつまでもそのことが頭を離れなかった。

□ 「男のくせに弱虫だ」と、からかわれたことがある。

これらにある程度当てはまる人は、そうした気質がその後の生活に影響している可能性があります。子ども時代は、自分を知るためにとても重要な要素です。

繊細な子どもが集団生活で感じる恐怖

保育園、幼稚園、そして小学校から中学へ、子どもが集団生活に入ったときに感じる刺激や抑圧とそれに対するよくある反応は、主に次の４つあります。特別敏感ではない人もそれは同様ですが、敏感すぎるＨＳＰは、その刺激や抑圧をより強く感じます。

①同調圧力への怖れ

学校のような集団生活では、同じ考え方や行動を当然のように押し付けられます。それらに違和感を抱く子どもは、自分を不自然な存在として考えるようになります。「私って変なのだろうか?」と自覚するようになるのは、明確な自意識が出始める、およそ10歳以降ぐらいからですが、その前から子どもは無意識のうちにそう感じています。

講堂や体育館で、先生の退屈な話を長時間聞かされる、狭くて硬い椅子に長時間座らせられる、学校によってはダサイ制服を着ていかなければならない……敏感な子が違和感を抱く要素はたくさんあるでしょう。

発達障害の中のアスペルガー症候群の子どもたちは、じっとしていることが苦手なので、学校に押し付けられる規則や習慣に特に苦痛を感じるようです。

脳科学者の茂木健一郎は、「学校でじっと座っていることが苦痛だった」と述べています（彼はアスペルガーを公表していますが、他には日常で困ったことはないので診断は受けていないとのことです）。

②「普通」への劣等意識

この頃よく「フツー」という言葉を耳にします。「フツーだね」と呟くとき、別にけなしているわけではないけれど、平凡だとか、珍しくもないといったニュアンスが含まれています。

ところが学校など公の場では、その「普通」であることが奨励されます。この場合の「普通」は目立たず、集団生活に馴染むことを意味しています。

そもそもＨＳＰ気質を持つ繊細な子どもは、人よりも目立つような行動をしたがらない傾向にありますが、この場合の「目立たない」は、他の子と「違う行動をしない」という意味です。そうなると敏感な子どもは「自分が普通であるために」、無意識のうちに周りの人の真似をしようとします。

ＨＳＰ気質の人は、脳のモノマネ細胞と言われる「ミラーニューロン」が人一倍発達しているのが特徴なので、人の真似をすることには長けています。その時、周囲の人の言動が、自分にとって無理なく受け入れられるものならいいのですが、自分の本質や持ち味——静かな環境が好き、ひとりが好きなど——と「周囲の普通」にギャップがあると無理をすることになり、大きなストレスを抱え込むことになるのです。

そもそも誰もが考える「普通」などあるようで実はなく、人によって「普通」は違うものです。HSP気質の繊細な子どもは、周囲の影響を強く受けやすいので、大人はこのことを理解して接してあげましょう。

③他人の感情に支配されやすく、間違いをしないよう臆病になる

親や教師から「好きなことをやってもいいけど、人に迷惑だけはかけるな」という言葉を言われたことはないでしょうか。家庭でも学校でも「人に迷惑をかけない」は、日本人のモラルの中で一番疑われていないものでしょう。

しかし、その言葉が意識的にも無意識のうちでも人の行動を制約することがあります。ミスは予行演習の一つ、ミスは何かアクションを起こした証しで、ミスをしないのは何も行動していないからだぐらいに思って、ミスを怖れず行動してみましょう。

人は動けば動くほど、心も身体も楽になっていく――このこともぜひ覚えておいてください。

④怒りや注意された言葉にパニックを起こす

これは大人でも起こることで、子どもは、最初は単純に相手の声の大きさや鋭さに驚くのです。

大人は、自分の子どもが教師などに叱責されたとき、その内容を重視しますが、子ど

もは内容よりも相手の表情や仕草に混乱して、パニック状態になるものです。ですから、先生など目上の人の態度が、どれほどその子を怯えさせたかにも注意を向けてあげてください。

「怖かったね」と抱きしめた後、落ち着いてから「じゃあ、今度はこうしようね」と提案するといいでしょう。

以上の４つの項目は、すべて子どもが「いい子」でいなくてはいけないという思いから生まれるものです。

同じ行動をする、普通であること、迷惑をかけない、叱られないようにする……こんなことばかり考えて「いい子でいよう」とすると、子どもの心はがんじがらめになってしまいます。

そして、これが続くと大きくなる過程でより大きな反動がきます。大人はそのことを理解し、子どもの本当の気持ちが何なのかを探り、それがどのようなものであっても、否定せず、まずは認めてあげること。これがもっとも大切なことです。

30代になっても思春期？

人の成長過程で一番大きな変化があるのは、中学から高校、20歳ぐらいまでにかけての思春期です。この間、身体的にも大きな変化が起き、心理的にも異性への興味や交遊関係、将来への不安や期待も増し、そうした中で大学や会社へ行くための受験があったりする。「中二病」という言葉があるように、中学2年生、14歳ぐらいになると思春期の傾向が大きく表れます。高校受験へのプレッシャーや性の目覚めなどですね。

思春期には性的に不安定になったり、自意識が過剰になったり、心と身体のアンバランスが起きます。自分の身体も変われば、自分をとりまく環境も大きく移り変わっていき、普通の子でも刺激が多すぎる時期です。ましてや敏感すぎる感受性を持ったHSPにとっては、身体の中でも外でも嵐が巻き起こっているといっても過言ではありません。

脳科学の視点から思春期を見てみましょう。

人は10歳ぐらいまでは脳が成長する時期で、それまでのエネルギーの多くは脳に費やされます。その間も身長・体重など身体は成長し続けますが、身体の成長が本格化するのは、脳が完成した10歳からぐらいです。

つまり、子どもの身体から大人の身体に大きく変わっていく。それがこれぐらいの時

期からですが、それまでと一番違うのは性ホルモンの分泌で、それは脳にも大きな影響を与えていきます。

脳には扁桃体や側坐核という部位があります。扁桃体は怒りや悲しみなどの感情を司り、うつ病などの精神疾患にも大きな関係があるドーパミンやアドレナリンなどのホルモンを放出する大切な場所。**思春期にはこの扁桃体が活性化するので、大量にホルモンを分泌し、ハイテンション＝心の高揚をもたらします。**

思春期に人は時にイライラしたり、やたら遊び回ったり、またスポーツをやっている人がこの時期、思わぬ力を発揮するケースがあるのは、こうしたホルモンの影響が大です。バイクを乗り回してスピードを出したり、それまで怖くて行けなかった場所にあえて行ってみたりと、この時期にリスクを冒す行動に出がちなのもそのせいです。

一方、側坐核は、扁桃体がホルモンを分泌して起こした行動を記憶する場所です。自分にとって気持ちのいい快感行動がここで記憶され、次にまたその状況になったとき、自動的にその快感行動をとるように仕向けるわけです。

また、先に最も大きいと言った性ホルモンの影響では、男の子は夢精が始まり、ヒゲが生えてくる。女の子は初潮を迎えるなど、大人の女性の身体に変わっていきます。好きな人ができて告白するといった行動に出る人が増えるのも、性ホルモンとリスクを恐れないホルモンが合わさってのことですね。

恋をしてフラれると特に大きく落ち込むのもこの時期で、自分と他人は違うという自意識が強くなることでこれが起こります。それまで曖昧だった自他の区別感覚がはっきりして「自分」を強く意識するようになるので、ミスや失敗、失恋に傷つく。もっとも、この時期に失敗を経験することで、のちの耐性ができるとも言えます。

この時期の身体の変化は、精神にも大きな刺激を与えます。今までの自分とは違う、自分が自分の思い通りにならないといった感覚が出てきて戸惑い、悩む。いわば「生きづらさ」が出てくるのです。

人間の一生を見渡せば、誰にでもある嵐のような時期ですが、人によっては大きく飛躍する時期、また、人によっては辛く、自分の心身に翻弄《ほんろう》される時期でもあります。どんな人にとっても思春期は複雑で、厄介なものですが、敏感なＨＳＰには刺激が大きすぎ、かつ多すぎてうまく対処できず、絶望的な気持ちになる人もいることでしょう。

見方を変えれば、思春期とは、それまでの子どもの自分が死を迎え、そこから大人への再生を迎える時期です。親から守られる代わりに支配を受け、親の言う通りにしていれば安全な場所、ある意味でのユートピアから出ることで、それまでの絶対的な親の存在が客観的に見えてくる。

そこに「偽善」を見たり、「建前」を見たりといったこともあるでしょう。ユートピアから出ることは辛く、痛みを伴います。けれどその痛みを経験しないことには、その後、否応なしに降りかかってくる世の中の現実と対面できないのです。

いずれにせよ、身体の内部でも外側でも刺激の多い時期です。こうしたアラームが鳴り続けるような時期に、学校や家庭での出来事に傷つき、閉じこもる人がいるのも無理はありません。この時期に「ひきこもり」になる人が多いのはそのためです。それは、自分を守るための行動なのです。

ここで一つ覚えておきたいのは、現代の思春期は昔より長く、長期にわたる場合が多いということです。人によっては30代後半ぐらいまで不安定な状態が続く人もいます。寿命が長くなったのも一つの理由でしょう。ちなみに江戸時代には「元服」と言って大人になる年齢（今で言う成人年齢）は12～13歳でしたが、当時の平均寿命はおよそ40歳でした（戦後に成人式が制定された当時の平均寿命は50歳代、高度成長の頃でも60歳代）。

現在の日本人の平均寿命は、男女とも80歳を超え、女性は90歳に迫ろうとしていますから、それに応じて思春期の終わりが延びたと言えるかもしれません。加えて、現代社会の勉強優先の風潮が挙げられます。自分の心身が大きく変わり、大人になる準備をする時期の心の痛みを無視して、勉強最優先で自らの気持ちに蓋をする。そんな人が多くなって、大人になる時期をどんどん先延ばしにしているのです。

就職活動や会社に入ってからのさまざまな社会的対応がうまくできないというのは、ある意味、思春期に経験すべき痛みを経験しなかったことが大きいと思います。言ってみれば、「社会に出て現実にうまく対応できなくなり、心の痛みを抱える期間」がそういう人たちの思春期で、その期間が30代になっても続く場合があると考えられるのです。

最近では、思春期に経験するはずの悩みや親への反抗を体験しない子どもも増えていますし、そのまま思春期らしき時期を経験しないまま生涯を終える人もいます。それはそれで、ある意味楽かもしれませんが、やはり人は、どこかで自分の内面と向き合い、もがく時期を持つことで成長すると言うべきではないでしょうか。

こうした思春期の遅れや長期化があるとはいえ、やはり多くの人は10代に思春期を経験することでしょう。ですから、この時期の子どもを持つ親は、それまで以上に細心の注意を払って子どもを観察しながら接して欲しいものです。

たとえば、自分をＨＳＰだと知っている子と知らない子では大きな違いが出てきます。

自分の敏感な気質を自覚している子なら、こういうときには用心しなくてはと持ち前の繊細なセンサーを生かして危険には近づかないように注意できます。一方、それに気づかない子は、突然の不調や神経の昂《たかぶ》りに「自分はおかしくなってしまったのか」と混乱し、ますます体調不良になったり、心理的なバッドサークルにはまっていきます。

「今は嵐の時期だ、さあ避難、避難」と、親も子どもも認識することができれば、一時期、学校に行かずに家にひきこもる、何かに没頭する、旅に出るなどの行動を積極的にとることで、嵐を乗り切る方法もあります。

こうしたことを親が見逃し、ただ子どもを勉強に追い立てたりすると、子どもはますますパニックに陥り、殻を硬くして閉じこもることになりかねません。そうではなく、積極的にひきこもり、それを嵐が過ぎるのを待つための処方箋だと肯定的に活用し、嵐が通り過ぎるのを待つのです。

思春期の詳しい対処法については、改めて5章でふれることにします。

就活の失敗、出社拒否からの閉じこもり

今の社会では、「就活のつまずき」や就職した後に「職場に馴染めない」ということも非常に厄介な問題になっています。

自由な学生の身分から自分の価値を値踏みされる就職活動という場に参加することは、誰にとってもきつい時期でしょう。何十社も受けて一つも内定を取れなかったような人なら、「社会の中に自分の居場所はないのか」と心が折れるのも無理はありません。ようやく勤める会社が決まっても、その社風や企業文化に違和感を抱き、会社やその延長にある社会全般への嫌悪を感じる人も増えています。

特にＨＳＰ気質の人の悩みでよくある切実なものの一つは、「職場で人とうまくやっていけない」ことではないでしょうか。

上司や同僚から言われたひと言が、いつまでも頭を離れない場合もあります。ミスをいつまでも気にして「自分はこの仕事に向いていないのでは？」と悩むこともありま

す。ＨＳＰは、怒鳴り声や大声だけでなく、呟きやささやくような言葉、ため息にさえ強く反応しがち。むしろ、小さな声に敏感な針が大きく振れるのが特徴です。

誰かが吐いたため息、「ダメだな……」などの呟き……そうしたすべてを自分に向けられているかのように受け取ってしまう。そして心が傷つき、つまずいてしまうのです。

この「つまずき」をきっかけに、いい機会とは言いませんが、自分にとって「心地いい」とはどんなことなのか、「自分が好きなこと、得意とすること」はどんなことなのかを考えてみることです。

そのとき大事なのは、「自分が好きなこと、得意なことは何か？」と考えるだけではなく、それと社会との接点を探すことです。車が好きなら、車に携る仕事に就いて食べていくにはどうすればいいか。文章を書くのが好きなら、文章を書く仕事をやって食べていくにはどんな方法があるのかをネットで調べたり、どの分野の何を書くのがいいのかなど、自分に合った道を探り、努力する。

売れっ子漫画家の西原《さいばら》理恵子さんは、美術大学時代、イラストが下手（今で言えばヘタウマだったのだと思いますが）で、出版社に持ち込んでも全部断られたと言います。就活で何十社からも断られるのと同じような経験ですね。

そのとき彼女はどうしたか。親からの援助もなく、どうにかしてお金を得る道を探さなければ生きていけません。そのうち、ようやく成人系、つまりはエロ系の雑誌から仕事をもらいます。女性が描くのに躊躇するようなイラストでしたが、「とにかく自分の唯一の武器である絵でお金をもらえるのは有難い」と、喜んで引き受けます。そこをスタートに彼女は仕事の幅を広げていき、後の活躍は周知の通りです。

天職、自分の与えられた仕事を、英語では「コーリング」とか「ギフト」と言います。コーリングは天から呼ばれる、ギフトは天からの贈り物という意味です。

それを与えられるのは才能のある人だけ、と思うかもしれませんが、思いを強くしてじっと耳を澄ませば、この「コーリング＝天からの声」は誰にでも聞こえてくるものではないでしょうか。人生の中で一度は立ち止まってこの「天からの声」に耳を傾け、贈り物を探す時期が必要だと、私は思います。

両親や教師の意向に従いすぎて、自分の好きでもない道に進んだり、同級生との比較、競争に目がいき過ぎて、自分を置き忘れている人は大勢います。

ＨＳＰ気質の人は周りの人に振り回されがちなので、周囲の騒音をシャットアウトするためにも、意識的に「こもる」ことは、将来進む道を探るためにも有効です。最もいいのは、自分にとっての「メンター」＝自分に教えと導きを与えてくれる先輩を見つけることです。そんな人がいると、仕事の面でも私生活でも大きな助けになります。

もしあなたが実際に「こもっている」状態にあるなら、そういう機会を生かし、自分が望んでいることは何なのかをじっくり考えてみましょう。憧れている人がいるなら、その人の情報を集めたり、できるなら会いに行ったりしてみましょう。その人にあなたが惹かれるのは、おそらく共通する気質の持ち主だからで、そんな人ならあなたの気持ちもわかってくれる可能性は高いと思います。

まずは**外で傷ついた心を、自主的に閉じこもることで癒す。時間がかかるかもしれませんが、家族はその人を見守ってあげる**ことです。

ご飯を一緒に食べたり、朝夕の挨拶をしたり、とにかくいつも通り、一緒にいること。これが何よりの幸せをもたらし、徐々に傷は癒えていくはずです。

増える高齢者の閉じこもり

先に思春期が長期化していると言いましたが、その影響もあって閉じこもりは長期化し、閉じこもり年齢は高齢化しています。各種調査から閉じこもり期間の平均は11年ぐらいと言われていますが、20年以上という人も多くなっており、これが高齢化の大きな理由につながっています。

先にも述べましたが、いわゆる「ひきこもり」＝閉じこもりは今や１００万人を超え、40歳代以上で約61万人と言われています。さらに、20年ほど前の調査では、ひきこもり（閉じこもり）を始める平均年齢は15歳程度でしたが、今は21歳程度になっています。また、不登校から閉じこもる人は2～3割程度で、「職場になじめなかった」という理由も同程度以上あるというのは前述した通りです。

その一方で、最近増えたのは、地位の高かった人たちのリタイア後の閉じこもりです。私が身近で見聞きした実際の例を紹介しましょう。

ケース5　昔の仲間とも連絡をとらなくなった女性

私の知り合いのある女性は、一族全員が東大出というエリート家系の方でした。彼女も東大の理学部で学位を取り大学教授に、ご主人も東大出で大学教授をしていましたが、50歳ぐらいで亡くなりました。
彼女は定年まで私大で理学部の教授を務め、定年後は関連学会の事務局長などをしていました。そのうち母親が認知症になり、介護をめぐって妹と揉めましたが、長女の彼女が面倒をみることになりました。母親が亡くなると「やっと解放された気持ちです」と、彼女には珍しく介護の苦労を語っていました。

彼女のように介護の立場に置かれると、仕事関連の付き合いは極端に少なくなっていきますが、介護から解放されればまた少しずつ元に戻るものです。しかし、彼女の場合、私とは母親が亡くなった後しばらくはメールのやり取りがありましたが、そのうち返信もなくなり、やがて電話をしても連絡がつかなくなりました。

山登りが趣味で、介護の合い間にも山を楽しんでいたので山仲間に連絡してみましたが、やはり連絡がつかないようで、親族も心配しているようだが、ひきこもってしまってどうにもならないというのです。

たぶん、彼女には介護生活によって起こった何らかの気持ちの変化があり、それを昔の仲間たちにもわかってはもらえないだろうと思い込んだ。だったら、ずっとひとりでいるほうがいいと思ったのではないだろうかと、想像しています。

ケース6 人間関係が苦手なタイプの高齢閉じこもり

別の例は、有名大学の医学部教授で、病院長をやられていた方です。最初の奥さんの間に二人の子どもがいたのですが、奥さんが亡くなり、再婚。相手の女性は双極性障害（躁うつ病）でしたが、名家の出だったこともあって離婚もできず、ずっと別居を続けていました。

その方にはやはり医者になった息子がいましたが、彼は人間関係がうまくいかずに病院勤めを転々とし、結局、妻とも離婚しました。それから高齢になってもパートで開業医の仕事を手伝っていましたが、突然家から出なくなったのです。

同居の娘は外に出ることを勧めましたが、全くその気がありません。風呂に入るためデイサービスに行くのですが、周囲の人と全く会話をしないということです。

この息子さんの場合は、もともと人間関係が苦手ということから、ＨＳＰ気質の人ではないかと思いますが、年をとってからますますその気質に拍車がかかって、ちょっとしたことが気にさわるので、人と会話するのが嫌になってしまったケースだと思います。

ケース7　ステイタスがあった人のリタイア後の閉じこもり

もう一人は、一流大学の医学部を出て、私大の医学部の教授をしていた女性です。美しい方で、独身でした。彼女の仕事は「サイエンス」という有名科学誌に写真入りで紹介されるくらい立派なものでした。

定年後、彼女はいくつかの大学で講義をしていましたが、その後、豪華な老人施設に入ります。すると、すぐに誰にも会いたがらなくなり、まったく部屋に閉じこもったままだということです。

このように地位が高く、人から尊敬もされていたような人が、その職を離れたとたん、それまでの付き合いがなくなり、それを契機に閉じこもってしまうことはよくあります。

これは若者のひきこもり＝閉じこもりと一見異なるように見えますが、本質的には同じで、人から自分は認められない、わかってもらえない存在だと思い込んでしまうことに起因します。社会的地位のある人の場合、かつてはあった地位と能力が失われたので、人には認められないと思い込んでしまうのです。

地位が高かった人がそれを失うと、離れていく人は確かにいます。しかし、そういう人は、その人自身ではなく地位に惹かれて寄ってきていたわけで、離れていって幸いと思うくらいでいいはず（そうは思えないのが人間の承認欲求というものかもしれませんが）です。つまり、能力がないせいでも、周囲の人から尊敬されていないせいでもなく、ただ自分がそのように解釈してしまっているのが閉じこもりの原因になっているのです。

閉じこもりの若い人の中には、ふとしたことで「すべては自分の（偏った）考え方に原因があった」と気づき、ふたたび社会に出ていく人もいます。一方、社会的地位があった人の場合は、自分の判断は間違っていないという思いに取りつかれ、他人に言われても、いろんな本を読んでも自分の意見を変えようとはしないケースが多いように思います。

そのため、孤独なままに人生を閉じることになるのですが、ある意味、現役時代の成功に足を引っ張られたとも言えるでしょう。

若い人の閉じこもり、あるいはうつやグレーゾーンの人たちの中にも、医師や他人の言葉を信じることができない人は結構います。そういう彼らの多くは優秀で、それゆえに自分の考えや白黒思考などの癖からなかなか解放されることがないのです。

大雑把な言い方ですが、私は、とくに専門知識を必要とする仕事で目覚ましい成果を上げ、地位を得た人の多くはＨＳＰ気質の持ち主だと思っています。そうした仕事で優れた仕事を成し遂げるには、敏感さ・繊細さが欠かせないからです。

けれどその敏感さ・繊細さは仕事だけでなく、周囲からどのように見られるのかという自意識や承認欲求の方向にも向いているので、自分が周囲から認められない存在になったと思い込んだ瞬間に閉じこもりが始まるのだと思います。

こうしたタイプの高齢者の閉じこもりは、閉じこもりの本質を示しているように思います。彼らは「無能の有能さを理解する」ことができないのです（5章参照）。

「無能でもいい」「自分がそこにいるだけでいい」ということを理解できないために閉じこもり、それをまた恥ずかしいことと捉えて、ついに出てこられなくなる。

積極的な「ひきこもり＝閉じこもり」は、自分を見つめるためにむしろ必要な時間だと先に言いましたが、高齢者の場合、人生の後半で仕方なくひとりになっていく、本人が意識的にそうしているわけでもないケースが多いところに問題があると思います。

次の章では、ひきこもり＝閉じこもりを必要なことと捉え、本来の自分を見つけ、次のステップに進んだ人たちを見ていきましょう。

第3章のまとめ

★敏感すぎるHSPは苦しい子ども時代を過ごしがちである。

★思春期は性ホルモン、脳の変化、自我の芽生えなど子ども時代と別れ、大人になる準備をしていく時期。心身の大きな変化によって心が傷つきやすいので、とくに敏感なHSP気質の子どもは、一時期閉じこもって自分をみつめ直すことがあってもいい。

★思春期の問題の放置が、就活や会社での挫折から出社拒否などへ向かうこともある。

★高齢者の閉じこもりが増えている。現役時代の社会的成功が「もはや人に認められなくなった自分はダメだ」と自己否定に向かわせることがある。

★若い人でも、それまで成績がよかった、頭がよかったために「白黒思考」に陥り、「ゆるい考え」を肯定することができない人が増えている。

第4章

ひきこもり経験なしに大人になってはいけない!?

――「ソロ活」名人たちの子ども時代

この章では、ＨＳＰ気質の人が、イジメや違和感から閉じこもり状態に追い込まれ、それを経て、本当のあるべき自分を見つけていったプロセスを紹介します。

そういう人たちはもともと才能があったとか、家庭に恵まれていたと思うかもしれません。しかし彼らは「こもる」ことが自分にとって大切なことだと、ＨＳＰ特有のカンで知っていて、内側から溢れてくる感情を否定しなかった。今はひとりになりたい、ひとりになったほうがいいと感じ、自分の気持ちに素直に従った人たちです。

自分の気持ちを大事にする——。それは自分を取り戻すために必要なことをやり始めた証しです。これ以上、外に向かう生活を進めると自分は壊れるかもしれないと、もう一人の自分のささやきに、もう一人の自分が従った。そうやって再生への道を歩き始めた人たちです。

HSPにしてトランスジェンダーのオードリー・タン

２０２０年から世界中を震撼させてきた新型コロナウイルス。世界中の国々がコロナに苦しむ中で、感染者や死者の数は圧倒的に少なかった国が台湾です。その防疫対策に大きな役割を果たしたのは、今世界中から注目されているオードリー・タンでした。

１９８１年生まれのタンは35歳にしてＩＴ大臣に就任、ＩＱは１８０という「天才」です。彼女はＩＴ技術を駆使して台湾中の人が差別なくマスクを買えるシステム「マスクマップ」を開発しました。

これだけ聞くと、自分には関係のない異国の天才の話だと思うかもしれませんが、彼女が経験した試練続きの辛い子ども時代を知れば、共感する人は多いと思います。特にＨＳＰ気質の人は頷くことが多いのではないでしょうか。

彼女は男の子として生まれましたが、自分のセクシュアリティに違和感を抱き、24歳のときに女性となることを決意、今は性別欄に「無」と記しています。「したいことをするのに性別はいらない」と、常にマイノリティの側に立つことを決めたと言います。

とても勉強ができたがゆえに、学校では「お前がいなければ一番になれるのに。死ねばいい」とイジメられ、授業が終わると大勢の生徒に殴ったり蹴ったりされたと言います。そのせいで悪夢を見てはうなされ、死にたいと泣き、学校を休みがちになったのも無理はありません。結果、母親がタンに合う学校を探し周り、彼女は転校します。

一方でタンの父親は「現実から逃げずに、問題に果敢に向かい合い、乗り越えるべきだ」と考えていました。優秀で強い父親は、タンを「弱い子」と感じていたのです。

「数年後のこと、ある学者（※アーロン博士のこと）がこのような子どもは、「ハイリーセンシティブチャイルド（ＨＳＣ）」であり、生まれつき持った感覚、知覚によって、喜怒哀楽のどれを取ってもひと一倍敏感に察知するのだと指摘した。

このような子は幼いころ、傷つきやすく感じやすい。けれども、この困難な成長期を何とか耐え抜いて大きくなれば、同年代の子どもより落ち着いて内省的な性格を持つと言われる」

『Ａｕ　オードリー・タン　天才ＩＴ相７つの顔』（文藝春秋社）の二人の著者、アイリス・チュウと鄭仲嵐は、親や周りの人が乗り越えるべきだと思う障害を、「なぜ乗り越えられない子がいるのだろうか」と問い、タンはＨＳＣだったと述べています。

その上タンは、トランスジェンダーという困難な一面も抱えていました。そんな彼女が自ら率先してひきこもったのは中学３年のとき。まさに思春期です。優秀な成績だった彼はそのままいけば名門高校に進める資格を持っていましたが、エリートになる道を自分は本当に望んでいるのだろうかと、山小屋にひとりでこもり、考えることにしたのです。

そこで得た結論は、他人のもの差しで自分を測るのはやめようということ。心が求めるものに向き合うことを決めた彼は高校へ進学するのをやめ、独学の道を選んだのです。

「みんなが同じだというのが幻想です。私は、その幻想から早く目覚めたというだけです」タンはあるインタビューでこう語っています。

彼女は天才的な頭脳を持っている、だからそんなことができたのだという考えにまた戻る人もいると思いますが、「天才」「神童」と呼ばれた人で幸せな人生を送った人のほうが少ないという説があります（ましてトランスジェンダーは自殺率が高い）。タンのように家族から理解されず、学校でも疎外され、周囲の人と馴染めず、葛藤を繰り返した優秀な人は案外多いのかもしれません。

先にふれたタンの評伝の中には、別の敏感なＨＳＰと思われる人も登場します。その人物も頭がよくエリートコースを歩いていましたが、あるとき「スターバックスの珈琲のすべての種類のフレーバーと味の違いがわかる」という能力が自分にあるとわかった彼は、それまでのエリートコースから離れ、シェフに転身したのです。

繊細なＨＳＰは自分に与えられた敏感さを自覚し、それを生かす道に突き進めば、ユニークな仕事ができる大きな才能を秘めているということです。

村上春樹が世界的ベストセラーを書けた理由

今や世界的作家となった村上春樹の著書は、どれもベストセラーを記録しています。

それはもちろん彼の卓越した筆力が評価されてのことですが、その作品が世界中でこれほど歓迎される背景の一つとして、敏感なＨＳＰ気質の人たちが世界的に増えていることがあるのではないかと私は思っています。

村上作品の多くは、敏感なＨＳＰ気質の人とそうではない人たちとの闘いの構図を持っていると見ることができます。 そしてそれは、作者自身が敏感な気質を持ち、それに苦しめられた経験を持つことがベースになっていると考えられます。

たとえば『ダンス・ダンス・ダンス』では、敏感すぎる感受性のために学校に行けなくなった13歳の少女（ユキ）が登場します。他の人には見えない、聞こえない、感じられないものをキャッチするので「お化け」と周囲から呼ばれていた彼女。そして主人公をはじめ登場する敏感系の人物は自ら進んで、あるいは誰かに傷つけられたことで部屋に、あるいは誰も来ない雪に閉ざされた別荘や深い井戸などに閉じこもります。

心に大きなダメージを受けた主人公は半年間部屋にこもり、音楽も聞かず、本も読まず、ラジオさえつけずに昼夜逆転の生活を送ります。主人公が部屋にこもったのは、「もう一度自分を回復させ、立て直すための時間が必要だったから」です。

このように何もしない時間は、生産性のない無意味な時間だと考える人は大勢います。しかし、自分を守るために、何もしない時間は必要だと私は考えます。特にHSP気質の人にとっては、周囲の刺激から自分を守るために必要不可欠なものだと思います。

こうしたひきこもり生活を送った後、主人公は社会に出て多忙な日々を送り、経済的にも安定します。ひきこもりを病気だと考える周囲の人たちは、「これで安心。病は治った」と考えますが、主人公は「言うまでもないことだけど、それでは全然足りなかったのだ。要するに僕は時間をかけてやっと出発点に戻りついたというだけなのだ」と、再び日常から離れる旅に出ます。

また『海辺のカフカ』の主人公であるカフカ少年は15歳で家出をして四国へ向かい、

さまざまな経験を経た後、再び学校に戻ることを選択します。

主人公にとっての家出は、いわば「ひきこもり」のようなものと言えるでしょう。家出先で少年の住まいとなったのは図書館でしたが、やがて彼は「大事な決断をするため」誰も来ない高知の小屋にひとり閉じこもるのです。

ある見方をすると、彼の小説はＨＳＰのための「ひきこもり小説」のようにも思えてきます。そして、そんな人々が増えているからこそ、多くの人の共感を得て絶大な人気を得ていると思えてくるのです。

彼が小説家になった１９７０年代にＨＳＰの概念はまだありませんが、社会がより効率を求めていくに従い、そんな気質を持った人々は次第に増えていった。優れた小説家は未来を予言すると言いますが、彼は確実にそんな作家の一人です。村上自身がそうであるように、ＨＳＰは予言者のような能力を発揮する場合もあるのです。

「ひきこもろう」と提唱した吉本隆明

日本で学生運動が盛んだった１９６０年代から70年代にかけて若い世代の間でブーム

になり、大きな影響を与えたと言われている、詩人であり思想家・評論家の吉本隆明。彼は自らの気質を「引っ込み思案である」「人といるのが苦手」「世の中とうまく折り合えない」ひきこもり気質であると述べています。

まさに敏感なＨＳＰ気質の持ち主だった彼は、「そのような気質を持って生まれた人は一時期ひきこもる必要がある」と述べています（『ひきこもれ――ひとりの時間をもつということ』大和書房）。

なぜ彼は、ひきこもりは必要と唱えたのでしょうか。以下は彼が考えたひきこもりの利点を私なりに整理したものです。

①「分断されない、ひとまとまりの時間」を持つことは、将来どんな職業にも必要なものである。

②その「ひとまとまりの時間」を持つことで、人は自分の「価値」を作り出す。

何かに夢中で取り組んでいるとき、「ご飯よ」という親からの呼びかけをうるさいと感じる、邪魔しないで欲しいと思う。つい夜更かししてしまい、次の朝起きられなくなって学校に遅刻してしまう、授業中もそのことばかり考えてしまう。そんな覚えのある人は多いのではないでしょうか。そしてそんな経験が価値を作る。

③「価値」とは、職業といった具体的な意味だけではなく、自分の内的な言葉を探し、見つけること。言葉には相手に伝えるための「コミュニケーション」の役割と自分の内面を豊かにするための、自分だけに響く「内臓の言葉」がある。「内臓の言葉」には何かの拍子に「この人の言葉は奥が深いな」と思わせるような力がある。

④人から「暗い」「うっとおしい」と言われることにコンプレックスは持たなくていい。社交的ではない代わりに、人一倍考え、感じて、それを自分の中で膨らませることに長けていれば、それは毎日自分の価値を生んでいるということ。

⑤頭のいい人と競わなくていい。頭のいい人は自分を狭めていくところがある。職業人になるには、少し緩んでいて、いい加減なところがあっても、持続力があるというのがいい。

⑥ひきこもっているのがマイナスにならない分野、職業は必ずある。

HSP気質の人が自分に合わない仕事を選んでしまうと、とても苦しんだり、生きづらくなることが多いようです。最近では、仕事における「コミュニケーション能力」が重要視されていますが、仕事で本当に役に立つのは上っ面の会話能力ではなく、同じものを見ても、自分独自の視点や考え方を言葉にする能力。仕事に限らず、これがないと本当の意味で多くの人に認めてもらうことは難しいと思います。

そして親としての吉本は、自分の子どもの時間を分断しないよう、子育てにおいてそれだけを気を付けていたと言います。

彼の長女でベストセラー作家となった吉本ばななは、このようにして「ひとまとまり」の時間を親から率先して与えられた。周りに邪魔されることなく「好き」に没頭したからこそ、能力を開花させることができたのですね。

さらには、先にもふれた心理学の草分けの一人であるユングや数多くの有名作家が敏感なＨＳＰ気質を持っていたと思われます。彼らの伝記や評伝を読むと、ほとんどが一時期、あるいは長期間、ひとりの時間を持ち、世間からひきこもり、邪魔したり非難したりする人から身を遠ざけています（最近では『共喰い』で芥川賞作家となった田中慎弥がひきこもりだったことで有名です）。

彼らはそのようにして「他人」や「世間」を自分の中から追い出し、自らの「好き」に集中、没頭して才能を開花させていったのです。

第4章のまとめ

★ひきこもりを経験することで、本来の自分を取り戻すことができる。

★「引っ込み思案」や「敏感なＨＳＰ」に、ひとりになる時間は必要不可欠。

★台湾のコロナ対策に貢献した話題のオードリー・タンは、壮絶なイジメから不登校に。しかし、こもることによって独自の道を切り開いた。

★村上春樹は敏感なＨＳＰ気質の人物を多く作品に登場させることで、世界中のＨＳＰの心をつかんだと見ることもできる。

★吉本隆明は「人には分断されない、ひとまとまりの時間を持つことが必要」だと述べ、ひきこもりを奨励した。

★特にＨＳＰにとって、ひきこもる時間は「自分の価値」を作る。その「価値」が先々で自分に合う仕事につながったり、可能性を開いていく。

第5章

「ひきこもり本人」と「ひきこもり家族」へ

前章までにふれたように、ひきこもり期間を持つことで、自分の才能を開花させてきた人たちが少なからずいますが、一方にそうはならない人たちがいるのも事実です。ひきこもりや閉じこもりによって再生していく人と、同じようにしながらも自分を生かすことのできない人の違いはなんでしょうか。

この章では、それを考えていきます。

また、一時期、自らひきこもることには大切な意味があり、有効だと言われても、できれば閉じこもりたくないという人もいることでしょう。そんな人たちのために、どんなことに気をつければいいのかも合わせて提唱していきます。

家族へのアドバイス——自分も子どもを責めてはいけない

子どもが不登校や出社拒否からひきこもり（閉じこもり）になると、親はショックを受け、その子の将来を悲観してしまうことがほとんどでしょう。

無理もありません。何しろ今の社会で「ひきこもり」は大きな社会問題で、決して前向きに捉えられていないからです。しかし、ここまで本書を読んでいただけば、悪いことばかりではないと気づいた方もいるはずです。

追い込まれるように閉じこもり状態になった人に限らず、自ら進んでひきこもった人でも、最初は誰でも戸惑い、悩みます。それは家族や社会に対する後ろめたい行為だと知っているからです。

しかし、やがてその状態を「これは自分に必要な時期なんだ。この機会にゆっくり休んで自分を見つめよう」と心のどこかで思うようになる。そしてひきこもりの後に独自の才能を開花させたり、自分に合った仕事を見つけて立ち直った人の多くは、その後も何か大切なことを決めるときには一時的に「ひきこもる」ことを自分に課す人が多いようです。

ですから、心の整理や覚悟を決めるのがなかなか難しいのはわかりますが、**子どもがひきこもった場合には、まずは家族がその状態を認めてあげることが大きなポイント**になります。

子どもにとって、学校に行けなくなることは、それまであった自分の居場所をなくすことです。そうなると、物理的にも精神的にも自分の居場所は家、家庭しかなく、その家庭が自分を守ってくれないとなれば、絶望するしかありません。

家族は子どもの顔を見たら必ず声かけをし、返事がなくても挨拶だけは続けてください。学校には行っていないけど、食事は一緒にとっている場合はまだ安心です。なぜなら、そこには親への信頼があるからです。親への信頼を失うと、子どもはともに食卓を囲むことすら拒否します。

30代の出社拒否の息子を抱えた母親が、心配のあまり相談に来たことがあります。

「この先が心配でたまらない。私がいなくなったらどうするのかと思うと夜も眠れません」

「今の状態では経済的に食べていけないほどですか?」

「いや、まだそこまでは行っていません」

「食事は一緒にしていますか?」

「はい、一緒です。ときどき喉を通らないと言いながらも、好きなものを作るとよく食べます」

「では、今の状態をそのまま続けてみてください」

私は、現状を認め、子どもの傷が回復するのを待つ、その間、原因追求はしないようにして、子ども自らが話したくなったときに、耳を貸すようにアドバイスしました。

人は何かあったときに、安心できる環境で美味しいものを食べると心の傷が癒されることがあります。できれば食事だけでなく、親子が同時にできる楽しみを一つでも見つけることです。わが子が幼なかった頃、一緒に遊んだことを思い出してください。

そのようにして、まずは親がひきこもりに対する否定的な視線を捨て、肯定をベースにした視線に変える。

子どもが生まれたとき「偉くなるんだよ」とか「お金をいっぱい稼ぐ人になってね」などと思う親はいません。**「生まれてきてくれてありがとう」「この子がいるだけでいい」「生きていてくれるだけでいい」……といった気持ち、子どもが生まれたときに抱いた素直な感情を思い出す**ことです。

それが伝われば、子どもはそれだけで安心することでしょう。

もし親が「周囲の人に知られたらどう思われるだろう?」といった世間体の心配や不安の気持ちのほうを多く抱えていたら、そこは親子ですから、以心伝心で敏感に子どもに伝わり、子どもの心はますます不安定になります。

「病気もなく健康に家族一緒に暮らせているのだから、それ以上を望むのは親の欲。年をとって家にいたっていいじゃないか」

こんな風に親が本気で思うことができれば、ひきこもりの問題は自然に解決することは多いです。

だいたい、ひきこもりがダメだと誰が決めるのでしょうか？

それは多くの人の気持ち＝世間だと思うかもしれませんが、その世間というのは、そう思う人の心の中にもある世間、つまりは自分の心が決めているだけなのです。

先にふれた事件の事務次官のケースでも、自分の息子が長いあいだ閉じこもっていることを誰にも相談しなかったと言われています。そうだとしたら、そのことがいけないというより、親がひきこもりを「人に言えないこと」と考えている、そうなってしまった子どもとその親である自分を恥じていることが問題で、子どもに親のその気持ちが伝わってしまうことで本人がますます傷つくのです。

ひきこもったり閉じこもったりするのは、その人が傷ついてしまった心を癒すためで、家庭はそのたった一つの場所なのです。ですから家族は、とにかくその居場所を心地良い場所として提供することに心を尽くして欲しいと思います。

もしかしたら、ひきこもりの子どもと一緒に暮らすことは、これからの時代の家族の新しい形態として、普通のことになっていくかも知れないのです。

「親が十分にひきこもらせてくれたことに感謝している。あのとき、医者に連れていかれ、薬を強いられていたらどうなっていたかわからない」

閉じこもり経験者の一人が私に、こんな風に家族への感謝を表していました。

当事者へのアドバイス——心の中から「自分を責める他人」を追い出す

今度は家族から本人に視点を変えてみます。

危ないのは、閉じこもっている本人が自分を恥じ、否定的に捉えている状況です。家族が見守るように接していても、当の本人が自分で自分を認めてあげることができないで、苦しむ。むしろ、こちらのほうが数は多いかもしれません。

今の社会は生産性の高さ、つまりは効率よく何かを生産して利益を得ることに価値を置く一方で、「誰かの役に立つ」ことに、やはり同じように価値を置いています。

ですから、ひきこもった人に対し、家にいるぐらいならボランティアでもして、誰かの役立つことをすればいいのに、と促す人がよくいます。もちろん悪意ではなく善意で人はそのようなことを言いがちですが、その言葉の中には、「家にいるのは何も産み出さないから、せめて誰かが喜ぶことをすれば？」という気持ちが潜んでいる。一理あるのですが、それさえ結局は、生産性＝社会の役に立つことを促していることに違いはありません。

特に、積極的なソロ活としてのひきこもりではなく、閉じこもりの場合、人のことは考えられない、それどころか自分のことさえ考えたくない、という状態にあります。心と身体は連動していますから、心が動かなければ身体は動かないのです。

ですから、閉じこもりになったら誰の役に立たなくてもいい、生産性はなくていい。そこに、負い目を感じる必要などなく、ただ自分が気持ちいいとか楽しいと感じる、生きる喜びを少しずつでも感じられるようにまずなることを優先してください。

今はボランティアなんかしたくない。掃除もしたくない……それならそれでいいのです。それよりも自分の気持ちをもう一人の自分の心で受け止めるようなつもりで、「今の自分はこんなことを思っているんだなぁ。それが今の素直な自分なんだ」と、どんなことを思ったり感じたりしたとしても、そんな自分を責めずに認めてあげてください。

部屋にこもってはいるけどユーチューブで動画を見たり、漫画を読んだりしていて、つい笑ってしまうこともあるでしょう。そういうときに面白いと感じる自分に罪悪感を抱き、その笑いを封じ込める人もいます。

面白いと思うのは自分、笑ってしまうのも自分。一方で「面白いと思ってはいけない」「笑っている場合ではない」と責めるのは自分の中の他人、自分の中の世間のようなものです。

誰の心の中にも「他人」や「世間」、あるいは「もう一人の自分」と言ってもいいような存在がいます。この場合は「自分を批判するもう一人の自分」が同居しています。それなら、**「自分を守るもう一人の自分」も心の中に持つこと。そして、そっちの自分と仲良くなってください。**

そもそも「自分」という存在は厄介なもので、突き詰めて考えていくと、昔から哲学者や思想家たちを悩ませてきたような「自分という矛盾」に突き当たります。たとえばそれは「自分のことを考えている自分って何？」みたいなことだったりしますが、そもそも「自分を認めるもう一人の自分（「自分の中の他人」と言ってもいい自分）」がいるから、私たちは生きる力を持つことができるのではないでしょうか。

それとは逆の「責める自分」は、あなたをここに追い込んだ人たち。それは自分が自分を責めているのではなく、自分の中の他人が責めていると言っても同じことです。ですから、自分を苦しめる「自分の中の他人を追い出す」――。そういう感覚を持つこと。なぜなら、生きることを他者（他人、世間）の価値観に委ねることから、苦しみや辛さは生まれてくるからです。

「誰かの役に立たなければ」「誰かに必要とされなければ」生きる意味はないと考える必要はありません。そもそも相手の望むことを引き受けなければ自分を受け入れてもらえない、でもそれは自分の望むことではない。こういう心のギャップ、ズレに苦しみ、振り回され、疲れ果ててしまったのが閉じこもりの大きな原因です。だから、そんな言葉には耳を貸さないようにしましょう。

外で活動する自分と心の中に自分だけの部屋を持つ自分。それは自分を作っている「二人の自分」で、人にはその両方が必要です。外で活動する自分が傷ついているときに、もう一方の自分がちょっと休めよとアドバイスしてくれている。そんな自分を見守ってくれているもう一人の自分の声に素直にしたがうことが大事です。

「無能の有能」を理解する

脳はいろいろな機能を司っていますが、ある部分の機能が損なわれると別の脳細胞がその部分を支配するようになるという事実があります。このことは、才能について多くのことを教えてくれます。

私は囲碁将棋もやらず、才能がないので楽器も弾きませんし、運動もあまりしません。それに比べれば本を読んだり、書いたりする才能は少しあるように思っています。ということは、たぶん脳のそれをさせる部分はだいぶ広くなっており、多くの細胞がそこで活動していると思われます。

そういう私が無理してピアノを弾こうとすると、これまで秀でていた才能が失われる可能性があります。一から苦労して不得意なことを得意なことに変え、何かを成し遂げる人は確かに立派ですが、そもそも自分が得意とする何かの才能だけあれば、他のことは他人の才能を使わせてもらえばいいのではないでしょうか。

つまり、どんな人でも脳のある部分はよく活動しているが、他の部分はあまり活動していない。このことは、自分は何をやってもダメで、他人のほうがすべてに優れていると思い込んでいる人にとっては救いで、**人よりもよく活動している脳の部分は誰にでもあると考えていいし、「人は一人ひとりみな違う」ということも、そうした脳の特徴から見て正しい**のです。

つまり、脳科学の視点で見れば、誰かを羨むことは、その人の脳のある部分の発達を羨ましいと思うことですが、そもそも自分の脳のその部分が発達しているかどうかはわかりません。しかもその人は、何年も何十年もかけてその脳の部分を鍛え上げてき可能性が高く、自分もその人のようになりたいと思ったら、脳のその部分を鍛えるしかないので、そう簡単にはいかない可能性が高いのです。

かつて将棋の升田幸三名人は「どんなことでも自分に合わないこと（得意でないこと）はやらない」と言っていましたが、脳の中では、才能と無能の部分が隣り合わせに存在しています。一般的に将棋や碁が強い人は頭が良いと言われますが、実際は脳のそれが強くなるのに必要な部分（たとえば特定の記憶力や発想力）が発達しているだけなのです。

このことを知り、私も若い頃は囲碁将棋や楽器がうまくなったらいいなと思うことはありましたが、あるときから、自分が必要としている能力以外は、あってもなくてもどっちでもよいと思うようになりました。

私の妻は8年前に亡くなりましたが、その前から次第に妻は足が動かなくなりました。足の先の方の皮膚がカサカサになり、朝起きると布団の中に皮膚片が落ちているような状態でした。

若い頃から妻は記憶と理解力に優れ、私が書いた本の校正は彼女に任せていました。２００ページぐらいの文章を2日ぐらいで読み、正確に間違いを指摘してくれていました。そうした妻の脳の機能は年齢を重ねても目立って衰えず、顔にも張りがありました。

私には、肌の若々しさや脳の機能を保つために、妻の足が老いていっているようにも思え、このことは私の心に大きな影響を与えました。本を読んだり書いたりするような機能が衰えないなら、それ以外の機能は失われてもいいと思うようになったのです。

事実、私はそれ以来、本を読んだり文章を書いたり、また仕事のための資料を集める以外のことはほとんど何もしません。運動も部屋の中で自分で考えた体操をやるくらいですがいたって健康で、血圧や血糖値の問題、関節の痛みなども抱えていません。

つまり、私たちの身体の機能はすべてが同じ速度で老化するわけではない。ならば自分にとって大切な機能が維持されるなら、他の機能が減退するのはいいと思えるようになったということです。

3章で高齢で閉じこもった人たちの実例を挙げましたが、彼ら彼女らは自分がかつてのような有能さを持ちえないために自己否定してしまい、自分を価値ない存在だと思い込んでしまったと思われます。

しかし、ある一つの能力が失われても、他の大事な能力は維持されている可能性は十分にあります。それは何かができるといったわかりやすい能力ではなく、優しさや寛大さといった目に見えないものである場合もあります。

すべてが無能の人もいなければ、すべてが有能な人もいない。皆どこかに他人よりも有能なところ、無能なところを抱えています。とくに今の自分が全くの無能だ、ダメな人間だと思い込んでしまった人は、そのことに早く気がついてください。

人が望むものは一人ひとり違う――グラッサーの5つの基本的欲求

人は皆、一人ひとり違うと言っても、皆と同じ「普通」を求める人や自分はなぜ他の人と違うのかと悩んでいる人は、なかなか納得しません。

ここでは人がどんな欲求を持つかで、その人がわかるという、とっておきの心理学を紹介しましょう。自分の望みや欲求を知るためにも参考になります。

アメリカの精神科医であるウイリアム・グラッサーは、人には次の5つの基本的な欲求を持っていると提唱しています。

①**愛、所属の欲求**（愛し愛されたい・誰かとつながりたい）
②**力、価値の欲求**（自分の力と価値を感じたい）
③**自由の欲求**（自分の思うようにやりたい）
④**楽しみの欲求**（楽しみたい・知りたい・学びたい）
⑤**生存の欲求**（食べたい・眠りたい・セックスしたい）

生まれてから死ぬまで、時期や年齢によって強弱はありますが、人はこの5つの欲求のどれかを優先して動き、行動し、選択しているとグラッサーは述べています。

①の愛の欲求が強い人は、自分の考えや感情を抑えても、誰かに好かれたいと行動する。
②の力と価値が欲しいと願う人は、社会的に偉くなることに自分の価値を感じる。
③の自由の欲求が強い人は、人からの命令をなにより嫌がり、お金のためにだけに働

くことに苦痛を感じる。
④の楽しみの欲求を求める人は、趣味に没頭しているときに生きがいを感じる。
⑤の生存の欲求が強いと、食べて寝てという基本的な欲求を満たし、自分の子孫を残すことに生きる意味を見出す。

今の自分はどの欲求を満たしたいと行動しているのか？　あの人は、どのタイプだろうか？　こんな風に自分や他人を少し離れたところから眺めてみると、それぞれの欲求や行動の理由などがわかってくるのではないでしょうか。そして自分の生き方、考え方とは違うので、あの人は、あんな言葉を口にするのだと理解できてもきます。

たとえば「とにかく勉強して名のある大学に入りなさい」と親が口にすれば、そのときの親は②の欲求が強く、「名のある学校」に最も価値を置いているのだと理解できる。それを理解すれば、「自分は有名大学にあまり興味はないけど学ぶことは好きだ。だったら、親と自分の考えは違うけど、まあ、学ぶことに関しては一緒なので、とにかく有名大学に受かるよう勉強して、親のお金で学ばせてもらおうか」と妥協点を探すこともできます。

また、「いい学校に興味はないし、勉強は苦手。私は音楽が好きだ」と思えば、好きなことをやるためにどうやって親を説得してその道に進み、生計を立てるか——こんな風に客観的に親や周囲を見ながら模索することができます。親にわかってもらえそうにないと判断したら、ではどうすればいいか、と次の作戦を考える。

「親にわかってもらえるはずはない」と思うのは思い込みですが、この人はどんな価値観に従っていろんなことを判断しているのかを把握するのは客観的な視点です。誰にとっても特別な存在である親を客観視できれば、他人を俯瞰して見ることは簡単で、「ああ、この人は人生で○○を一番重視しているのか。それは自分とは違うな（同じだな）」とわかってきます。

今の社会では、②の力の欲求が大きくクローズアップされて、そこに価値をおくことがいいことのように「思わされて」いる人が多いように感じます。心のどこかで地位やお金を持つ人に憧れ、多くの人が心のどこかで、なれるものならそうなりたいと思わされています。だから、それよりも他の欲求を持っている人も「こんなことしていていいのだろうか」と自分の考えや価値観が揺らいでしまうのです。

正確に言えば、お金や力を持つことが生きる目的ではないのは当たり前で、多くの人はただ幸せになりたいと思っているはずですが、お金や力がないとそれが手に入りにくいと感じる、感じさせられている。それで、会社でそれが手に入らないなら投資や副業でもっと稼げないものかと考える人が増えている。そんな世の中だと思います。

しかしその一方で、全く逆のベクトルの人も増えているのも事実です。そうした世間の価値観に負けてうつや閉じこもりになって生きるより、お金や地位はなくても自分の好きなことをやって日々を暮らしたほうがいいという人もかなり増えています。

そういう人たちの中には「ミニマリスト＝少ないモノやお金で自由に生きる」という生き方や暮らし方を志向したり発信したりして、多くの人の共感を得ている人がいるのも事実で、ユーチューバーといった職業が脚光を浴びるのも、有名人ではないけれど、人とは違う価値観を持つ人を面白がる人が増えているからだと思います。

残念なことに、子どもが多くの時間を過ごす場＝学校などでは、そうではない立派な理念を掲げていてもそれは建前で、本音は有名校に多くの生徒を合格させたいといったことで学校自体が「力や価値を持つ」を重視しているという場合が多いのが現状のようです。

そうした偏った欲求を強制されたり「これっておかしい」と感じた人が体調を崩し、

閉じこもることで自分本来の欲求に気づき、自分を取り戻すというプロセスを経験する人が増えているのだろうと私は考えています。

この5つの欲求に沿って眺めてみると、他人の考え方や視点を含め、相手の言葉を全部まともに聞く必要などないことは明らかではないでしょうか。誰かが「あなたはダメだ」と批判したとしても、それはその人の考えや欲求に沿った価値観であり、あなたの欲求に沿ったそれとは初めから違うものだからです。

閉じこもりでは「うつり」は強くなる

この時代、閉じこもりの人たちがＳＮＳなどで仲間とつながることはよくあるようです。しかし、たとえ仲間ができても、その人たちが「自分はダメだ」という価値観を持っていると、敏感な人はその言葉に大きな影響を受けてしまいます。

あるいは、これも誰かの影響で「こうなったのは○○が悪い」という犯人捜しに走る人もいます。○○の中に入るのは、親や教師、同じクラスの人たち、社会といった漠然としたものも入ります。

誰でも自分は悪くないと考えたほうが楽ですから、誰かを攻撃することで自分を保とうとするわけですが、とくにミラーニューロンが発達し、他人の影響を受けやすいHSP気質の人には、こうした感情も「うつりやすい」のです。

HSP気質の人に自己肯定感の低い人が多いのも「うつり」の傾向を強くするものです。自分に自信がないことが、他人の言動に振り回される大きな要因になります。そもそもHSPには自分と他人の境界が曖昧という特徴がありますから、つながる相手が同じような境遇だと、それだけで共感しやすいので注意が必要です。頻繁に覗くブログやユーチューブを発信している人がどんな考えを持っているかを慎重に確かめましょう。

その判断規準として、先に挙げた「5つの欲望」は参考になると思います。

今の状況は似ていても、そのきっかけや動機、家族環境、先々どうするかといった個別の状況はそれぞれ違っています。

「人は皆違う。私はそれに人より早く気づいた」という、先に紹介したオードリー・タンの言葉を肝に銘じましょう。

「あの人にはあの人の考え方がある」

「あの家にはあの家のやり方がある」

こんな風に紙に書いて貼っておくのもいいのではないでしょうか。

しかし、ひきこもり状況を肯定的に捉えている相手とうまくつながることができれば、自分も「○○のせい」ではなく「○○のお陰」と、逆の考えに感化され、望ましい方向にいくこともありますから、ネットで誰かとつながるときは、共感しやすい自分をうまく利用できる相手を選ぶこともポイントになります。

なお、ＨＳＰ特有の「うつり」については拙著『ＨＳＰと発達障害』（廣済堂出版）で詳しく述べていますので、ぜひ参考にしてください。

自己肯定感と自信・自己効力感の違い

よく勘違いされるのですが、自信と自己肯定感は違います。自己効力感とも違います。

たとえば、仕事などで褒められると「自信」になりますが、逆に「叱られる」とすぐに自信喪失につながります。また「お金があるから自信がある」と言っても「お金がなくなったら」すぐに自信を失うことにつながるなど、よほど揺るぎないものでない限り、とかく誰かの言葉によって得たり失ったりすることが多いのが自信です。

何かをやるときに「自分はできる」と思うようなことを「自己効力感」と言いますが、これも自信と同様に「成功した場合」には高まります。「ある競技で優勝した」といった経験は自己効力感を高めますが、それがそのまま自己肯定感に直結するわけではありません。次に勝てなかったとき「優勝できない自分はダメだ」→「このスポーツを続ける資格はない」などとなってしまうこともあるからです。

「自己効力」とは文字通り、自分が結果を出した、力を発揮した、自分が役に立ったということです。しかし、いつもそうした「いい結果」ばかりを自分に課していると、それができなかったとき「自分には価値がない」という気持ちに傾きがちです。これは「無能の有能さ」で説明した通りです。

スポーツでも運動でも掃除でも、いま自分がやっていることが「気持ちいいな」「楽しいな」と思える自分がいる。それが自己肯定感です。これを持つためには、自分ができることを「ためになる」「誰かの役に立つ」という視点で見るのではなく、「役には立たないけど、楽しい」というような気持ちでいること。「ここを掃除すると誰かが喜んでくれる。だからきれいにする」というより、「身体を動かすのは気持ちいいな」と、自分の感覚に目を向け、その自分を肯定する気持ちを持つことです。

閉じこもりの本人は、「自分は誰のためにもなっていない」「自分は家族のお荷物だ」と思いがちです。家族もまた、自分の子どもが社会的に意味のあることを「何もしていない」と思っていると、それは否定感につながり、子どももそれを感じてしまいます。

子どもが生まれて小さい頃には無条件で喜びを感じたはずが、だんだん社会的な価値で子どもを測るようになってしまう。

「誰かの役に立つ」「必要とされる」は耳ざわりのいい言葉です。ですから、それにとらわれる人がいますが、もしそうだとしたら「役に立たなくなったら」「必要とされなくなったら」生きる意味はない、ということになってしまいます。

役に立つことは何もなくていい、ただ生きてここに生きているだけの自分でいいんだ――そう思えることが自己肯定感のベースで、これが何よりも大事なことです。

閉じこもり状態の中にいる人が、そう考えることは難しいことかもしれません。でも、本当にそうなのです。だって、実際に閉じこもっている人にせよ、グレーゾーンにある人にせよ、**辛く苦しい状態に追い込んだのは自分自身の何かではなく、他人の言葉、他人の価値観です。人の役に立っていない自分を作ったのは自分自身ではない**のです。それを理解し、まずは自分が生きている感覚、自分自身の言葉を取り戻しましょう。

何もしていないように見えるかもしれないけど、息はしてるよ、トイレにも行くよと、**していないことではなく、していることを数える**ようにしてみるという方法もいいのではないでしょうか。

繰り返しますが、そこに「自分がしていることは人の役に立つことか否か」といった感覚はいりません。今自分が生きていること、ただそれだけを意味する言葉をたくさん言い、それを感じること。人がそこに存在するということは、ただそれだけで身体の中で無限の活動が行われていることを意味しています。いわば生きていることそれ自体が奇跡のようなものです。そんな視点を少し持って、自分が生きていることの奇跡を感じてみてください。徐々に自己肯定感が高まっていくはずです。

ひきこもり＝孤独ではない

少し前に「孤独」をテーマにした本がブームのように出され、『50歳からの孤独入門』（齋藤孝）、『極上の孤独』（下重暁子）などの本はベストセラーになりました。高齢化によって老人人口が増え、「独居老人」「孤独死」などの話がテレビで取り上げられるようになったとき、人々は改めて自分の将来を考え、孤独とは何か、いずれひとりになることは避けられるかなどと考えるようになったのです。

そんな状況の中、『おひとりさまの老後』（上野千鶴子）は、独居老人＝おひとりさまを肯定的に捉え、多くの人に読まれました。

核家族化が進んで子が親の老後の面倒を見るのが当たり前ではなくなった社会になり、離婚や結婚しない人も増えてくると、老後の孤独は避けられないと皆が実感するようになりました。それなら、孤独の良い点もあるのではないか。それを知りたいという気持ちからこれらの本は読まれたのだと思います。

妻が亡くなってからはひとり暮らしをしている私も「孤独とは何か」と考えてみたことがあります。

私は今、マンションに一人で住んでいますが、同じ階のもう一つの部屋には娘の家族が住んでいます。孫が二人で、長女は大学の医学部の4年生、妹のほうは今年、やはり医学部に入りました。

娘も孫たちも忙しいので、私はほとんど会いにいきません。孫娘には受験勉強の最中にちょっと将来の話をしに行ったりしますが、長居はしません。小さい頃には一緒に食事に行ったりしましたが、高校生、大学生などになると祖父と外出したいなどと思わないようです。

娘が言うには、孫娘は私に敬意を持っていて、あのような人生を送りたいと思って頑張っているということですが、だからといって孫たちが私に話しかけ、何かのアドバイスなどを求めるなどということは全くありません。

「お子さんやお孫さんと一緒に暮らしているとは、なんと幸せな晩年だ」と知人に羨ましがられることがあります。しかし実際は近くに存在するというだけで、一緒に暮らしているとは言えません。つまり、見方によっては、向こうにとっては私がひきこもっているように見え、私にとってはあちらがひきこもっているようにも見えます。

このような状況ですが、私は孤独だと思うことはありません。周囲に多くの人間がいても孤独を感じることもあるし、毎日誰も話す人がいなくても、私のように孤独だと思えないこともあるのではないかと思います。そう考えると、ひきこもりの子どもが部屋から出てこなくても、両親は寂しいかといえば、そうとも限らないのではないか、とも思えてきます。

たしかに世間体は悪いでしょうし、うちの子が有名な大学や会社に入ったと自慢できないことが残念な親もいることでしょう。自分たちが死んだあとの心配はあると思います。しかし、今、何の問題もなく元気でいる子どもたちだって、将来のことはわからないのです。

一方、閉じこもっている当人たちは孤独を感じているのでしょうか。自分のことを心配してくれている両親、市役所などの見回りの人たちがいるということは、絶海の孤島にひとりぼっちでいるわけではなく、そういう意味では孤独とは言えません。むしろ、家族が近くにいて安心だとどこかで思っているかもしれません。

家族が心配しているのは事実でしょうし、そこに負い目を感じている人もたくさんいるでしょう。しかしその反面、ずっと近くにいる安心感もあると思うのです。

このような安心を得ながら、少しずつ自分の生き方を肯定できるようになると、「あれ、自分はこれから先も生きていけるかな」というような自分の能力に気づく日がきて、特別な理由もなく、ひきこもりをおしまいにすることができるのではないか。

実際、私の知り合いで「ひきこもり」から脱出した人にはそのような考え方ができた人が多いということを付け加えたいと思います。

第5章のまとめ

★家族や周囲の肯定的な目がなにより大切。

★閉じこもりを悪いと決めつけているのは自分の中の「他人」や「世間の目」と知る。

★せめて「誰かの役に立つことをしたほうがいい」は、「役に立たないと生きる意味はない」という、ひどい言葉だと知る。

★人の望むものは一人ひとり違い、その望むものによって行動している。「他人の望むもの」を満たすために行動しているわけではない。

★自信や自己効力感と自己肯定感は違う。自己肯定感は、自分の感覚に注意を向け楽しい、気持ちいいと感じることで育つ。

★ひきこもっているから孤独というわけではない。

第6章

自発的「ひきこもり」のすすめ

――「閉じこもり」に追い込まれないために

最後のこの章では、自らひきこもるのではなく、ひきこもり（閉じこもり）に「追い込まれない」ために日頃からやっておきたいことを提唱していきたいと思います。

本書で私は、本来の自分を見つめ直し、自分だけが持つ価値を発見するため、積極的にひきこもることが有効だと述べてきました。

「言っていることはわかりますが、ひきこもりが社会問題化されている世の中で、むしろ、ひきこもるために一歩足を踏み出すというのはなかなか勇気もいるし、パワーもいりますよね」

そう思うのは当然でしょう。しかし、自らひきこもるのは、特別なエネルギーや勇気を必要とすると私は考えていません。

まず、日常、日々の暮らしの中に「プチひきこもり」＝ソロ活を積極的に取り入れてみましょう。特にＨＳＰ気質の人にとって、日々の刺激をカットして自分だけの空間や時間に入ることは、細やかな神経を休ませるためにも絶対に必要なことです。

具体的にどうするか、見ていきましょう。

「一緒にいると疲れる人」を遠ざける

会っているときは相手の空気に圧倒され、そうとは気づかないことがありますが、ひとりになったとき「疲れた……」と感じさせる人は、自分とは波長が合わない人です。もちろん、特別気を使わなければいけないような偉い人と会えば、誰でも疲れますが、相手の影響を受けやすいＨＳＰは普通の人より「権威」に弱いところもありますから、余計に疲れることでしょう。

そういう疲れる人と会うのをできるだけ避けるようにしてみてください。**相手の地位ではなく「疲れる」「疲れない」だけを判断規準にする**といいです。

「なんとなく苦手」「なんとなく疲れる」という「ざわざわと落ち着かない気持ち」を大切にします。心がざわざわするというのは、あなたの敏感な感性がアラームを発している証拠です。そんなときにはマメに休憩を取り、心の波を鎮めるようにする。こうしたことも「プチひきこもり」の一つだと考え、できるところから始めてみてください。

掃除、手仕事で身体を動かす

身体を動かすのは心の疲れやとらわれを解き放つ有効な方法です。ＨＳＰが疲れやすいのは身体ではなく、脳です。ですから疲れたと感じたときには、身体を休めるより脳を休めたほうが効果があり、むしろ身体は動かすようにしましょう。とはいえ激しい運動ではなく、心が落ち着くヨガや自彊《じきょう》術（運動療法に用いられる健康体操）などシンプルなものが適しています。掃除や洗濯などの家事を積極的にするのも有効です。身体を使う上、きれいになるので爽快さや気持ちよさも付いてきます。

ひとり暮らしの私は、部屋からトイレまで毎朝の掃除は欠かさずやっています。食事も食べたいものを自分で作るので、ストレスなく食べられるのがいいのか、後期高齢者の年齢となってからも悪いところはありません。うつで長い間悩み、体調を崩していたときとは大違いです。

ＨＳＰの中には化学調味料や添加物でアレルギーを起こす人もいる一方で、ポテトチップやラーメンなどを好んで食べる人もいます。人は心の生き物ですから、無添加の自然食品を摂ればいいというものでもなく、「身体にいいものを食べなければ」という神経質な考えが知らず知らずのうちにストレスとなり、病気にかかる人もいます。

ちなみに、どんな食品が自分に合っているか、いないかを確かめる簡単な方法があります。

いわゆる満腹感というものは、食べ終わってしばらくした後、だいたい15分後ぐらいにやってきます。その時点で気分が悪くなるとしたら、食べ過ぎや食べ物が身体に合っていないという目安になります。

また、ある食品にアレルギーがあると知らずに、身体がだるい、疲れが取れないといった症状に「なんとなく」悩んでいる人も多いので、一度病院に行って自分のアレルギーを正確に知っておくといいでしょう。

HSPは「テキパキやろう」を捨ててください

今の社会は「テキパキやる」「素早く返事を返す」、その場に合った対応や機転といった「当意即妙」さを重んじています。反応が遅いとか、言い淀む、熟考する、こういう傾向の人は「じれったい」と言われることが増えている世の中です。

しかし、そう言われてもＨＳＰは気にせず、むしろ**「じれったさ」「反応の遅さ」こそ自分の持ち味だと認識してください。**自分が今の時点で最も大切、重要だとしているタスクを自分のやり方でこなすことを最優先にして、それに対する他人の評価などは頭から追い出すようにしてください。

ＨＳＰは、目の前にあるいろんな刺激で頭の中がすぐいっぱいになる傾向の持ち主で、それらに圧倒され、混乱してしまうことが多い。だから「今はこれ！」と決めたら、一つのことにじっくり取り組むこと。そうすればＨＳＰは本来集中力が高く、能力もあるので、結果的に、丁寧なうえに遅いこともなく仕事を終わらせることはできます。

要領よくやろう、テキパキやろうと焦ると、逆に脳や手が止まってしまいますから、そんな言葉に惑わされないでください。

「疲れた、だるい」を無視しない

誰でもときどき風邪を引くのは、身体が休めといっているシグナルです。同じように「なんだかだるいな」と感じるのは「今やっていることが自分に合わない」「やる気が起きない」という漠然とした不満や不安が身体を通して訴えているシグナルです。

気圧の変化や季節の変わり目にも身体や頭が重い、はっきりしないと感じることがありますが、これは身体や脳が外の環境に順応しきれていないからです。

HSPは別名「炭鉱のカナリア（有毒ガスの発生を察知して鳴く鳥）」と呼ばれるほど、危険を察知する能力が高いので、外部の気圧や気象に敏感に反応します。

身体に異変を感じたときは積極的に休みをとりましょう。自分の感覚を無視して頑張ると、身体の不調が固定化し、やがて「疲れた」とも感じないようになることがあります。

そうなると、疲れはどんどん溜まり、それが続くことで寝込んだり、こもったりすることにつながることもあります。

疲れやだるさを感じたらすぐに休み、身体の不調の火を早く消火してしまいましょう。

気持ちをわかってくれる「家族以外の人」を見つける方法

「私と同じ年で、もうこんなすごいことができるなんて……」

自己肯定感が低いと、相手がすごい、偉いと感じてしまうことが多いものです。

「人がみな我よりえらく見ゆる日よ～」という石川啄木の有名な短歌がありますが、私も長い間、よくそう感じることがありました。つまりは劣等感ですが、そばにいるとそういうざわざわした感覚を感じてしまう人は遠ざけるのが賢明です。

その一方で、一緒にいても劣等感など起こらず、心が和らぐ人、どこか共感を覚える人というのは、自分とどこか共通点のある人の場合が多いです。

身近な人でなくてテレビや映画、本の中の登場人物でもいいので、そんな人を見つけたら「なぜ、この人に惹かれるのだろう？」と、じっくりその人を観察して、理由を考えてみましょう。

顔つき、話す言葉、声、洋服のセンス、価値観……。

いろいろあるでしょうが、人を観察し、惹かれる理由を探ることは、自分を発見することにもつながります。

そして「いいな」と思ったところはぜひ真似をしてみましょう。ＨＳＰ傾向のある人は脳のミラーニューロンが発達しているので人真似が上手で、人のものをすぐに自分のものにする能力に長けています。

そうしているうちに、その人が自分を良い方向に導いてくれる「メンター」になるかもしれません。家族以外の「自分をわかってくれる人」と出会うことは、誰の人生にとってもかけがえのないものです。身近な存在ではなくてもかまいませんから、心の中にそういう存在を持つことが大切なのです。

ネットを利用し、誰かとつながる

ＨＳＰ気質の人はその敏感さ、繊細さゆえ、誰とでも仲良くなれるというわけにはいきません。気軽に話しかけたり言葉を返したりすることが苦手なため、身近に仲間や共感できる友だちを見つけるのは難しい人が多いと思います。

それはある意味、危険を避けるという意味で長所でもありますが、他人が持つ自分を良い方向に導いてくれる考えを取り入れる機会が少ないという意味では短所にもなります。

ですが、今はインターネットで直接会わずにコミュニケーションできる時代ですから、その気になれば話の合いそうな人と出会う機会を得ることが昔に比べればできやすい環境ではないでしょうか。

ネット上では、身近な社会の範囲では見つけることのできないようなマイノリティの人たちが思ったことを話し、協力したり、助け合ったり、心情を吐露しあっています。もちろん、自分の周囲にはいないような価値観を持つ人とつながることも可能です。

ユーチューブやフェイスブック、ツイッターなどを眺めるだけでも、「こんな人がいるんだ」と感心したり、勇気づけられることもあります。

いわゆる「ぼっち系」という誰も友だちがいない、ひとり遊びをする様子や呟きを発信し、多くの共感やチャンネル登録者などを得ている人もいます。

そこでは自分と同じように感じている人は意外に多いなと感じることもあるでしょう。また、細かく見ていくと、そういう人でも自分と微妙な違いがあることもわかってきたりします。

ある部分で共感できたとしても、他の部分では一人ひとり違うのは前述した通りで、同質に見える集団も、中に入るとそれぞれが少しずつ違う意見を持っていることがわかります。だからネットの世界では近いからこそ嫌う近親憎悪のような感情が生まれ、それが発信されていることもあります。

つまり、同じように見える人でも一人ひとり人はみな違う。

この「同じように見える（思える）」という人の共感性と、「みな違う」という個別性。この両方をバランスよく持ち合わせるのが、より良く生きるコツではないかと思いますから、このことはよく憶えておいてください。

ＨＳＰのように他人への共感性が強すぎると、前述したように相手のネガティブな考えが「うつる」こともあります。共感の中にも一人ひとりの違いはあると、ネットは、自らの考えの狭さを教えてくれることもあります。そのへんに留意しながら、ネットで人とうまくつながることをぜひ考えてみてください。

できるだけ本音を言ってみる

自分の本音を言うのはどこか恥ずかしく、勇気がいるものです。「これは大多数の意見ではない」という気持ちがどこかにある場合が多く、本音を口にすることを避けたりしている人が多いということは、ポジショントークのところで述べました。

特に公的な場所で本音ばかりを口にするのはなかなかできないことですが、仕事を離れた場所や仲間うちでは自分の今の本当の気持ちを口にしないとストレスが溜まるばかりです。

たとえば、飲み会などに誘われ、疲れているのに相手に悪いからとつい行ってしまうことは誰でもあるでしょう。しかし、一度「今日は疲れているから帰るね」と口にすると「私も早く帰りたかったの」と同意する人がいるかもしれません。あるいは、飲み会にはあまり行きたくないとか、大勢での集まりは苦手とか、たとえばこんな気持ちを何気なく伝えておくと「あの人はああいう人」と周りに認知されます。

一度そんな風に思われると無理やり誘われたり、苦手を強要されないので気持ちが楽になることはあります。

他人の影響を受けやすく、周囲に振り回されやすいのがＨＳＰ気質の特徴です。そのせいで付き合いたくもない人に付き合ったり、行きたくない場所に行くようなことが続くとストレスがたまり、それがひどくなると自分の本当の居場所を求めて閉じこもるといったことになるケースもありますから、うまく対処しましょう。

「やりたいこと」「得意なこと」「一緒に働きたい人」などを考えておく

先にもふれましたが、ひきこもりになりやすいＨＳＰ気質の人にとって、職業選択は重要です。繊細ですから、何をやってもうまくこなし、逞しく生きていけるタイプではないのです。

ですから、自分がＨＳＰの傾向があるかもしれないと思ったら、将来、自分がどんな環境の中で過ごしたいのか、それを実現するためにはどうすればいいかを、ときどきでいいので、考えておくようにしましょう。

そのための情報を集めたり、人の話を聞いたりして何となくでいいので、その方面にアンテナを張っておきます。自分が何に興味があるのかわからない、という人もいますが、興味のあることとは、無意識のうちに脳が捉えているようなことです。

たとえば、駅までの道や散歩の途中、これまでは目に入らなかったことにある日、気づく。それは、その人がそのことに興味を持っている、あるいは持ちはじめたという証しですから、そんなことでもちょっと自覚的になれば、自分の興味がだんだん鮮明になってきます。歯が痛くなると歯科医の標識が、子どもができると子どもの姿がそれまでより俄然目に入ってくるのと同じです。

自分の興味がわかったら「頑張って資料集めをしよう」などとシャカリキにならず、最初はゆっくりと。興味が持続するようなら気持ちは自然に加速していくものです。

大勢の人との付き合いが苦手な人は、技術系やアート系などの「ひとりでもできること」が向いていますが、それでも仕事は全部ひとりでやるというわけにはいきませんから、周りにどんな人が働いているかの情報を得ておくことも大切です。

「これだけはできないこと」リストを作っておく

職業選択では、どんなに高給でもこれはしたくないという仕事を考えておくのも大切です。ひきこもりやＨＳＰ傾向のある人が、世間の物差しにしたがって高給だから、ステイタスが高いからと仕事を選択するのは危険です。実際、多くの人が、自分の気質を知らない、あるいは知っていても気づかないふりをしてそういう選択をした挙句に苦しんだり、うつに陥ったりしています。

結婚も同様です。容姿も好みで、年収も高い、夫婦のイニシアティブも自分が取れそうだといった理由で相手を選んだため、後悔する女性が増えています。

結婚すると変わる人はよくいます。それ以前に、知り合いのＨＳＰ気質の女性で、婚約までいったものの、相手が口にした「これからは僕が渡すお金だけで生活をして」と言われ、気持ちがいきなり冷めた女性がいます。

それまではむしろ優しく弱気な面があり、そこに惹かれていたのですが、その自分が優位に立とうとするような口ぶりに、このまま結婚してもいつかは無理がくると、独特のカンが働いたようです。周囲には「それぐらいのこと我慢できないの？」と言う人もいましたが、理屈ではうまく説明できない不穏さを彼女は感じたようです。

敏感なＨＳＰは、理屈や常識では説明できない「空気」を読み取ることがあります。

その**空気やカンを大切にして、「これだけはできない」「こういう人だけは避けよう」という「できないことリスト」「苦手リスト」を作っておく**といいかもしれません。

ときどき思い切り泣いてみる

涙にはストレスを解消する効果があります。ストレス物質となっているホルモンが涙と一緒に体外に流れ出るからです。泣いたあとすっきりするのはそのためで、「泣ける」というふれこみの映画に人が集まるのも、多くの人が泣くことで心が癒されることを知っているからです。

ただし、女性に比べて男性は泣くことに抵抗を持つ人が多く、グレーゾーンやうつ、ひきこもりに男性が多いのは、そのあたりに一因があるかもしれません。いわゆる優等生タイプの女性も感情を出すことが苦手な人が多いですね。

社会は一見、人の理性や社会的な合理性によって動いているようにも見えますが、実際は「あの人は苦手だ」「ああいう人は出世させたくない」などの感情的な理由でいろんなことが決まることが多いものです。誰でも嫌な人とは一緒にいたくない。気の合う人との仕事はやる気が起きて、能率も上がるからです。

どんなに合理的で計算高い行動にも、その背後には非合理な感情がある。ですから、自分の中に湧き上がってくる感情を抑えていると、心も身体も参ってしまう。人間はそのような生き物なのです。

心が感情でいっぱいになったら、思い切り泣くというのはいいことです。「泣く」でなくても「ののしる」でも「怒鳴る」でもいい。誰もいない場所で、思い切り感情を出してみてください。

最近では「なみだ喫茶」なるカフェがあると言います。泣ける映画やドラマばかりを見せる場所もあるようですから、そんな場所へ泣きに行ってみるのも時には必要なことだと私は思います。

美味しいものを食べる

又吉直樹の芥川賞受賞作品『火花』には、何かあるとすぐに「うまいもん食おうぜ」というセリフが出てきます。この小説は、お笑い芸人を目指す二人の男の話ですが、なかなかうまくいきません。観客の前でうまく笑いを取れない、コンテストにも落ちると、苦闘の連続です。

それでも二人はめげず諦めず、お笑いの道を目指します。その原動力となっているのが「うまいもん」です。

人は案外シンプルなものです。身体の調子が悪くなると心まで影響を受けますし、体調や気分がいいと、何でもできるような気にもなれます。だから落ち込んだら、ぜひ美味しいものを食べましょう。お腹が満たされると、それだけで幸せになることもあります。自分で好きなものをうまく料理できれば最高ですね。

料理には、脳を活発にするための要素が詰まっています。

何を食べるか考え、必要な材料を揃えて、切る、炊く、煮るなどの一連の動作を行う。その間、余計なことを考えずに料理に集中できます。色、匂い、音、味、手触りなど五感をフル活用できますし、最後には出来上がったものをゆっくり味わうことができます。

これで身体も心も温まり、リラックスできます。こんなことだけで人は案外幸せになれるものです。

ときどき意識的にひきこもる

ここまで、ひきこもり（閉じこもり）やその傾向を持つＨＳＰについて語ってきましたが、改めて強調しておきたいのは、ひきこもりを特別な状況だと思う必要はないということです。

嫌なことがあった、気が滅入る、なんだか落ち込む、理由もなくひとりになりたい……。多くの人は、日々の暮らしの中に、そんな風に小さなひきこもりを取り込んで生きています。「自らひきこもる」というのは、それを少し意識的にやるだけです。

「さあ、ひきこもるぞ」と、飲み物や食べ物、本や漫画などを持ち込み、誰にも会わないで、一つことに集中してみる。

何もしないでベッドでぼんやりするのもいいでしょう。泣くのもいいでしょう。赤ん坊や幼児に戻るのもいいでしょう。とにかく日頃の自意識や恥ずかしいと感じる意識を捨て、好きなように好きなことをして、周りからの刺激をシャットアウトする。閉じこもりの根本的な原因の多くは、本当の「心地よさ」を持つことを、自分に対して許すことができない自意識なのですから。

ひきこもる場所は自分の部屋でなくても構いません。自分の神経や敏感さがよい方向に刺激を受けると感じる場所ならどこでもいいのです。自然の中、風呂や温泉、気に入ったカフェやショップ、ネットカフェ、図書館……。居心地がいいと感じる場所をいくつか用意しておき、神経が鋭敏になったと感じたらそこに逃げ込みましょう。

気に入ったカフェやショップには自分の感性に合う人がいたり、そういうものが置いてあったりします。それらの場所の共通点を見つけることで、自分の好きな雰囲気がはっきりしてきます。

敏感なＨＳＰは、自分に合わない場所にいると体調が崩れることがよくあります。自分に合った環境の中では、生き生きと本来の感性を発揮できるようになるはずです。

さあ、ひきこもりなんか怖くない、ひきこもりの時期を持たないと自分の人生は自分のものにならない、そう思って進んでひきこもりの旅に出てみましょう。

第6章のまとめ

★できることとできないことを日頃から把握しておき、苦手な人、苦手な状況をできるだけ遠ざけるようにする。

★「これだけはできない」を整理しておく。

★自分のペースを守り、疲れたら無理をしないようにする。

★HSPの人はテキパキやろうとしない。

★疲れた、だるいを無視して行動しない。

★時には感情を抑えず全開して、自分の気持ち、感情を素直に出してみる。

★ネットなどを利用して家族以外の理解者をつくる。

★やりたいこと、得意なこと、どんな人と一緒に働きたいかを頭の中で整理しておく。

あとがき

最後までお読みいただき、ありがとうございました。

心が傷ついて閉じこもってしまう人の多くは、敏感なＨＳＰ気質を持っていると私は確信しています。そうでなくては、どうして他の人が気づかないリスクをキャッチして、その場所から逃げたりするでしょうか。

ＨＳＰはみな「炭鉱のカナリア」。リスクを先取りしているのです。そういう意味でひきこもりは、今の社会、今の時代に警鐘を鳴らす存在でもあるのです。

そうは言ってもやはり「閉じこもり」は辛く苦しいものでしょう。与えられた敏感さを捨てないままこの社会で生き抜くにはどうしたらいいだろう。ＨＳＰの概念を知り、自分もその一人と自覚して以来、私はそれをずっと考えてきました。今も考え続けています。

思い出してみれば、「繊細さ」が人々に受け入れられ始めたのは、戦後になって少し生活に余裕ができた１９５０年代の頃でしょうか。『理由なき反抗』や『エデンの東』

に主演したジェームス・ディーンはそれまでのマッチョな男性タイプとは真逆の繊細な少年を演じ、多くの人の心をつかみました。主役の少年は泣いたり、父親に愛して欲しいと懇願するなど「男は強くあれ」という男性像を打ち破りました。

私は、彼こそ映画に描かれた最初のＨＳＰだと思っています。

『エデンの東』は、父親にその優しさのため愛されない少年の物語です。父親はそれを「弱さ」と捉えているのです。ジェームス・ディーン演じる少年は厳しい父親に認められようとして、父親が事業に失敗した穴埋めをしようと、豆（映画ではレタス）を栽培します。戦争で豆の価格が上がると考え、儲けを得て父親を喜ばせようとします。しかし、厳格な父親は、他人が戦争で亡くなっているのに、戦争を利用して儲けようとするとは何事だと拒絶します。

脳卒中になった父親に、ジェームス・ディーンの恋人は訴えます。

「人は愛がなければ生きられません。一度でいいから、彼に優しい言葉をかけてあげてください」

父親は彼を呼び、耳元で「自分の面倒はお前がみてくれ」と言うところで映画は終わります。

ひきこもっている子は、優しい子なのです。その弱さゆえ今の世の中に翻弄され、そして抗い、なんとか生きようとしているのです。もし、あなたがひきこもりの子の親であるなら、そんな子どもを愛情を持って忍耐強く見守り、時が来るのを待ってあげてください。

そして、もしあなたがひきこもっている本人なら、自分を愛し、忍耐強く本来の自分、「もう一人の自分」の登場を待つことです。

「ひきこもりは悪くない。決して間違ってはいない、むしろ正しいのです」という私の声が、一人でも多くの人に届くことを願っています。

2021年7月

高田明和

装丁◉原田恵都子（Harada + Harada）
カバー挿画・マンガ◉福田玲子
本文デザイン・DTP◉桜井勝志
編集協力◉中原悦子
松山久
編集◉飯田健之

HSPとひきこもり

「自分を生きる」ためのひきこもり＝「ソロ活」のすすめ

2021年８月４日　第１版第１刷

著　者　高田明和
発行者　伊藤岳人
発行所　株式会社 廣済堂出版
〒101-0052　東京都千代田区神田小川町2-3-13　M&Cビル7F
電話　03-6703-0964（編集）
03-6703-0962（販売）
FAX　03-6703-0963（販売）
振替　00180-0-164137
URL　https://www.kosaido-pub.co.jp

印刷所
製本所　株式会社 廣済堂

ISBN 978-4-331-52337-7　C0095